Xin Ling Cheng Zhang Zhi Lü

Zhongzhisheng Xin Li Fu Dao

心灵成长之旅

——中职生心理辅导

林 芳 主编 沈勤峰 副主编

浙江工商大学出版社
ZHEJIANG GONGSHANG UNIVERSITY PRESS

图书在版编目(CIP)数据

心灵成长之旅：中职生心理辅导 / 林芳主编．—杭州：浙江工商大学出版社，2014.6(2015.9 重印)
ISBN 978-7-5178-0515-1

Ⅰ．①心… Ⅱ．①林… Ⅲ．①心理健康—健康教育—中等专业学校—教材 Ⅳ．①G479

中国版本图书馆 CIP 数据核字(2014)第 132374 号

心灵成长之旅——中职生心理辅导
林　芳 主　编　沈勤峰 副主编

策划编辑	谭娟娟
责任编辑	谭娟娟　郑　建
封面设计	王好驰
责任印制	包建辉
出版发行	浙江工商大学出版社 (杭州市教工路 198 号　邮政编码 310012) (E-mail:zjgsupress@163.com) (网址:http://www.zjgsupress.com) 电话:0571-88904980,88831806(传真)
排　　版	杭州朝曦图文设计有限公司
印　　刷	虎彩印艺股份有限公司
开　　本	787mm×1092mm　1/16
印　　张	8.5
字　　数	196 千
版 印 次	2014 年 6 月第 1 版　2015 年 9 月第 3 次印刷
书　　号	ISBN 978-7-5178-0515-1
定　　价	22.50 元

浙江工商大学出版社营销部邮购电话　0571-88904970

前　言

根据教育部颁发的《中等职业学校学生心理健康教育指导纲要》及浙江省教育厅印发的《关于加强浙江省中等职业学校学生心理健康教育的若干意见》的通知，结合我校校本研训实施方案，我们组织了一批长期从事中等职业学校教育教学工作的老师编写了这本《心灵成长之旅——中职生心理辅导》教材，供我校学生使用。

本教材是在理论与实践相结合的基础上展开的，具备科学性、真实性、实用性。在编书前期，我们对我校学生的身心发展特点及心理健康教育方面的需求做了实证调研；在编书中期，我们根据学生身心发展的需求来设计教学内容与过程，并反复试教与修改；在编书后期，我们从每堂课中提炼出提供给学生的学案，作为本书的主体内容。

为了体现学生的主体地位，展现"互动生成式"课堂的作用，我们吸取了以往心理健康教育教材的经验，在教材的体系、版式设计等方面进行了求新、求实、求活的探索，力求既有利于教师教学，又有利于学生主动参与、自主体验。

首先，本书在框架体系上采用分主题的形式设计教学内容，全书分为自我意识辅导、学业辅导、心理品质辅导、人际关系辅导、青春期教育、生涯辅导 6 个主题，每个主题包含若干课内容。其次，在每课的内容设计上，以自主体验为主线，采用"问题中心式"和"活动参与式"的形式组织内容。本书采用"心海导航—心海扬帆—心海起航—心海泛舟—心语心愿—心路历程"的模式架构，注重教材内容的开放性和学生学习的自主性，体现了"以生为本"的现代教育理念。

每课按以下 4 个相辅相成的环节展开：引——提出并了解问题的导入阶段；论——分析并解决问题的探索阶段；用——实现知识与技能迁移的运用阶段；思——实现认知与情感内化的反思阶段。

本教材由有多年从事中职学校专职心理健康工作经验的国家二级心理咨询师林芳老师担任主编，浙江省"春蚕奖"获得者、湖州市教坛新秀、湖州市优秀班主任沈勤峰老师担任副主编，参加编写的人员有吕梦非、钟秋丽、施青、曹惠芳，并邀请浙江省教育厅职成教教研室张建国老师审稿。在编写过程中，他们求实创新、精益求精，不断地进行教学实践，反复斟酌和修改内容。可以说，本教材凝结着每位编者的心血，也是本书编写团队集体智慧的结晶。

这是一本形式新颖、内容丰富、特色鲜明的教材，也是具有较强创新意识的教材，符合我校学生实际发展需求，具有一定的创新性和实效性。当然，由于时间较紧、经验不足，文中不妥之处，恳请从事中等职业学校心理健康课教学的老师和专家提出宝贵意见。

编　者

二〇一四年六月

目　录

主题四 人际关系辅导

主题五 青春期教育

主题六 生涯辅导

卷首课　美好生活从这里开始
——中职生活适应辅导

心海导航

进入中职学校后，一方面学生们与以前熟悉的初中老师、同学分离，产生分离焦虑，面对新的环境会感到恐惧；另一方面学习方式的改变可能会使学生们的成绩停止上升甚至下滑，使学生变得更加焦虑和无助。高一阶段，不仅是学习的关键时期也是人际交往的重要阶段。因此，在此时学会融入新环境，适应新的学习环境非常关键。

进入高一后，许多同学表现出对新环境的适应不良，一部分同学可以逐渐适应，但还是有一小部分同学因为没有及时调整而变得在学习上盲目自卑、自暴自弃，在交往中出现人际敏感甚至人际恐怖等不良反应，最终导致成绩一落千丈或人际退缩、回避交往，个别学生甚至为此而休学或退学。因此，学生们在入学后应有意识地适应中职生活，对自己进行重新评价、定位，解决成长中的自我认识问题，从学习、交往、生活的方方面面尽快适应种种变化。通过本堂心理辅导课的参与和体验，学生将从中学会如何适应中职生活。

心海扬帆

学习目标

【知识与技能目标】了解自己对中职学习生活的适应情况，初步掌握适应中职生活的技能。

【过程与方法目标】总结、领悟适应中职学习、生活的方法，并能够运用这些方法解决实际问题。

【情感、态度与价值观目标】学生能够体验到中职学习、生活的快乐，以积极乐观的心态应对学习与生活，对未来充满信心。

学习重点

体验到中职学习、生活的快乐，以积极乐观的心态应对学习与生活。

学习难点

适应中职的学习与生活环境。

学习方式

心理测试、讨论交流、探讨分享、动画欣赏。

心海起航

分小组并选好组长。

心海泛舟

一、情景导入：我的烦恼

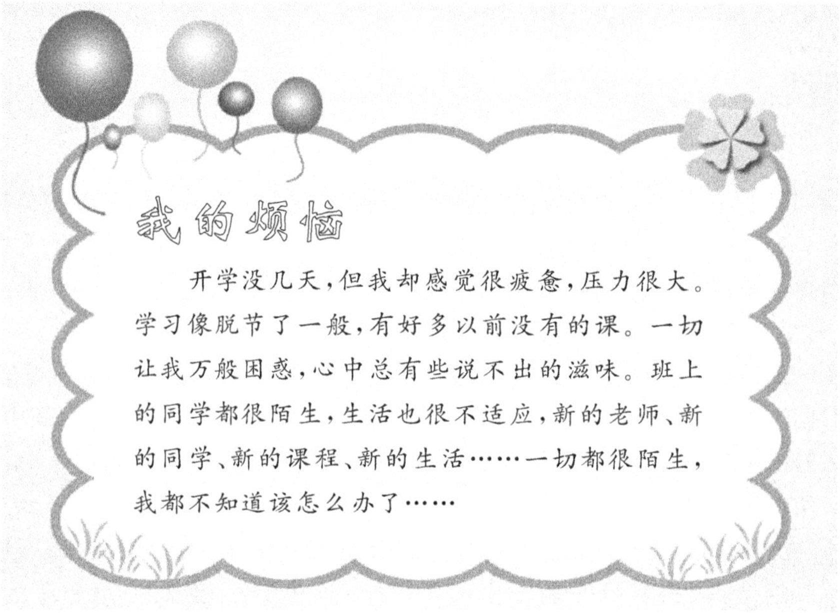

1. 这位同学为什么而烦恼？

____

____

____

____

____

2. 谈谈你进入中职学校后的感受。

____

____

____

____

____

二、心理测试：“入学适应”测试

你已成为一名中职生，进入了一个全新的环境，开始了你人生的一个新阶段，你是否也有一种"全新"的感觉呢？你适应新学校的生活吗？想了解自己对中职生活的适应情况吗？下面是一个关于"入学适应"的心理小测试。这个测试共有25个小问题，每个问题都有a，b，c 3个答案，分别代表"是的""有时""不"。请根据你的实际情况回答这25个问题，然后对照答案计算自己的得分，看看自己对中职生活的适应情况如何。（具体内容见网址：http://hi.baidu.com/yuanxingseng/item/78cfb310ca2414ff756a845e）

"入学适应"测试

1.你了解学校近年来在教育教学方面取得的优异成绩吗？a　b　c

2.你知道学校在城区的具体位置吗？a　b　c

3.你知道学校的门牌号码和邮政编码吗？a　b　c

4.你知道你的宿舍、教室、阅览室、食堂的具体位置及它们之间的位置关系吗？a　b　c

5.你知道你所在的年级有多少个班、多少位同学吗？a　b　c

6.你知道班主任的名字吗？a　b　c

7.若班主任不在教室也不在办公室，你仍然能够很快地与他取得联系吗？a　b　c

8.你认识所有的任课老师并知道他们的名字吗？a　b　c

9.在校园里，你见到老师、同学总是主动打招呼吗？a　b　c

10.你经常和你的同桌交谈吗？a　b　c

11.你总是在课前预习将要学习的内容吗？a　b　c

12.你经常有课堂上回答问题的机会吗？a　b　c

13.遇到不会的问题，你从同学或老师那里得到过帮助吗？a　b　c

14.你感到作业多得难以应付，很难按时完成吗？a　b　c

15.如果有一天的闲暇时间，你会制订一个休息与学习兼顾的计划吗？a　b　c

16.你知道食堂打饭的人流高峰大约出现在什么时候吗？a　b　c

17.如果你得了感冒，你知道到什么地方去拿药吗？a　b　c

18.你知道校园内所有厕所的位置吗？a　b　c

19.你知道离宿舍最近的电话的位置并能熟练使用吗？a　b　c

20.你会洗衣服、整理房间吗？a　b　c

21.你知道自己的入学成绩和大致的名次吗？a　b　c

22.你知道你的同学有多少人在初中担任过班干部吗？a　b　c

23.你知道自己在哪些方面相对于你的同学有特长吗？a　b　c

24.你总是在闲暇的时候回忆快乐的初中时光吗？a　b　c

25.你在梦里梦到过爸爸、妈妈或别的亲人吗？a　b　c

【答案及计分标准】

14，24，25三个小题，选a的记2分，选b的记1分，选c的记0分；其余的各小题选a的记0分，选b的记1分，选c的记2分。

【说明】

这份问卷共分五个项目，1—5小题有关"环境的适应"，6—10小题有关"人际关系的适应”,11—15 小题有关“学习的适应”,16—20 小题有关“生活的适应”,21—25 小题有关“心理的适应”。

【分项目得分】

如果你在一个项目的得分在 3 分以下,说明你在这个方面的适应能力较好;得分在 4—6 分之间,则说明你在这方面的适应能力一般;得分超过 7 分,说明你在这方面的适应能力较差,需要努力提高啊!

【各项目累计】

0—5 分之间,恭喜你,你有很好的适应能力,相信你会在未来的高中生活中如鱼得水,取得优异的成绩。

6—15 分之间,也恭喜你,你有较强的适应能力,你会平稳地度过高中生活,并取得很好的成绩。

16—25 分之间,你有一定的适应能力,高中生活对你来说是一次挑战也是一次机会,相信你的毅力和主动精神可以弥补你在适应能力上的不足,你会逐渐适应高中的生活,最终取得满意的成绩。

26—35 分之间,你的适应能力较差,你应该加强锻炼,努力提高自己各方面的适应能力,逐步适应高中的学习生活,争取取得更好的成绩。

36—50 分,你存在较为严重的“入学适应困难”问题,你可以向你的班主任或别的任课老师寻求帮助,最好向心理辅导老师咨询,找出原因并加以调适,从而逐渐适应高中的学习和生活,争取有较大的进步。

三、班级论坛:如何适应中职学习与生活

以小组为单位,讨论如何适应中职学习与生活。

四、分享时刻:《我真的很不错》

1. 这堂课带给你的收获和感受有哪些?

____

____

____

____

2. 我们一起来欣赏视频《我真的很不错》,试着学做手语。(视频见网址:http://my.tv.sohu.com/us/200651117/62969362.shtml)

没有时间在无谓地承诺、叹息
让太阳晒一晒充满希望的背脊
迎着世界的风,我要无畏地挺立
对于必须做的事,我一点都不怀疑
要做就做最好的,不要明天才说真的可惜
我知道我能做到的
就是不停不停不停不停不停不停地努力
哦～～我真的不错我真的很不错
我的朋友,我想骄傲地告诉你
哦～～我真的不错哦～～我真的很不错
我的朋友,我想骄傲地告诉你哦～～
我真的很不错我真的很不错
我是真的真的真的真的真的很不错
我真的很不错我是真的很不错
我是真的真的真的真的真的很不错

心语心愿

祝愿每位同学能够有意识地适应中职生活,努力学习,与同学友好相处,体验我们快乐的中职生活!

心路历程

主题一 自我意识辅导

美国心理学会主席福特博士等专家提出一个全新的公式：成功=自我认识+动机。这个公式说明一个人的成功要以良好的自我认识为基础，当一个人能够更好地认识自己，那么就能够更好地抓住成功的机会。

我们每个人都应带着一双智慧的双眼正确认识自我，每个人都有属于自己的优点与缺点，我们看自己，不能只关注自己的优点，也不能只关注自己的缺点，要把长处放大，尽量缩小短处，不管怎样，总要相信，我是世界上独一无二的，我是最棒的。只要通过不懈的努力、不懈的追求，就会离梦想更近一点，终有一天，会实现自己的理想。

第一课　我的庐山真面目
——认识自我

心海导航

中职生正处于青少年期，对自我和价值观的认识仍然处在探索的阶段，同学对自我的概念并未完全形成，需要一个指引来协助他们澄清自己的内在想法、自己是如何看待自己的、在别人眼中的自己和自己眼中的自己的差别在哪里等等，从而增进对自我及他人的了解，促进彼此之间的交流。

正确地认识自我有助于他们更好地发展自己，了解他人有助于学生更好地与他人相处。通过本堂心理辅导课的参与和体验，同学们将增进对自己及他人的了解，同时使同学对班上每一位同学加深认识，体验认识自我、了解他人及增加彼此沟通交流的愉悦感，以积极主动的心态表达自我和了解他人，并能够树立彼此友好相处的意识。

心海扬帆

学习目标

【知识与技能目标】认识到了解自己与了解他人的重要性，掌握了解自己与了解他人的方法。

【过程与方法目标】学会了解自己、了解他人，促进彼此间的相互了解与交流。

【情感、态度与价值观目标】体验认识自我、了解他人及彼此沟通交流的愉悦感，以积极主动的心态表达自我和了解他人，并能够树立彼此友好相处的意识。

学习重点

增进对自己及他人的了解，促进彼此间的相互了解与交流，树立彼此友好相处的意识。

学习难点

掌握了解自己与了解他人的方法，以积极主动的心态表达自我和了解他人，加强彼此之间的交流。

学习方式

猜谜语、心理游戏、讨论交流、探讨分享、动画欣赏。

心海起航

全班同学分成四组，分别围成四个圈坐好。

心海泛舟

一、猜谜语：斯芬克斯之谜

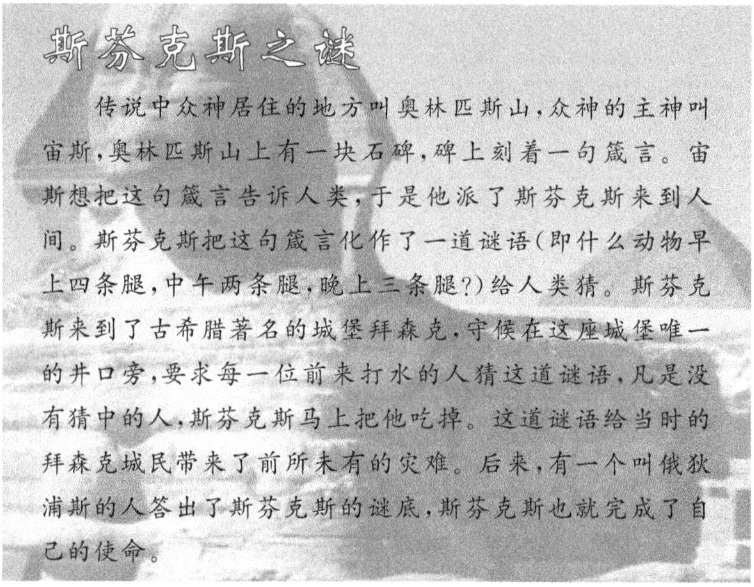

谜底是什么，这则谜语让你得到什么启示？

____

____

____

____

二、心理游戏：知你识我(具体内容详见网页：http://wenku.baidu.com/link?url＝2PZRHgjTd9JzPqrgyk0VcyVVWHAqs9BXJEhEQNzyZjFbFmytop4BZAewyTP6L31MP2Aod0KxVYwkTK-VggBGMk_dad36CJY3_iX7deZxkkK)

1.以小组为单位活动，每位成员都轮流微笑地走一圈，看着其他成员的眼睛，并与每位成员握手。

2.以小组为单位找朋友，听到老师报到的数字，迅速按这样的数字组成小组。

3.填写下列信息：

我来自______________________________(自己家乡所在的镇)。

我的性格______________________________________。

我喜欢____。

我叫____________________(名字，可以是真名，也可以自己取一个昵称)。

4. 两人一组，按“我是来自××（自己家乡所在的镇）、性格××、喜欢××的××（名字，可以是真名，也可以自己取一个昵称，下同）”的句式互相做自我介绍。

5. 相邻两组的四位同学合为一组，围成一圈，按以下句式交流。

A. 我是来自××（自己家乡所在的镇）、性格××、喜欢××的××（名字）。

B. 我是坐在“来自××（自己家乡所在的镇）、性格××、喜欢××的××（名字）”左边的来自××（自己家乡所在的镇）、性格××、喜欢××的××（名字）。

C. 我是坐在“来自××（自己家乡所在的镇）、性格××、喜欢××的××（名字）”左边的“来自××（自己家乡所在的镇）、性格××、喜欢××的××（名字）”左边的“来自××（自己家乡所在的镇）、性格××、喜欢××的××（名字）”。

D. 我是坐在“来自××（自己家乡所在的镇）、性格××、喜欢××的××（名字）”左边的“来自××（自己家乡所在的镇）、性格××、喜欢××的××（名字）”左边的“来自××（自己家乡所在的镇）、性格××、喜欢××的××（名字）”左边的“来自××（自己家乡所在的镇）、性格××、喜欢××的××（名字）”。

6. 全组同学围成一圈，按上面的句式交流。

7. 分析游戏的感受。

三、实践训练：我猜我猜我猜猜猜

一位同学走到讲台上，描述班里某位同学，请下面的同学猜描述的是哪位同学，并分享游戏感受。

四、分享时刻:《酸酸甜甜就是我》

1. 这堂课带给你的收获和感受有哪些?

____

____

____

____

2. 大家一起来欣赏歌曲《酸酸甜甜就是我》的一段歌词,并合唱。

耳朵里塞着小喇叭　躲在被窝里看漫画
虽然我还在象牙塔　我多么想一夜长大
亲爱的爸爸妈妈　别叫我小傻瓜
虽然我很听话　不代表我没有想法
我喜欢酸的甜　这就是真的我
每一天对于我都非常新鲜　我挑剔的味觉　有最独特的区别
我喜欢酸的甜　这就是真的我
青春期的我有一点点自恋
大人们的世界　等待着我去冒险
耳朵里塞着小喇叭　躲在被窝里看漫画
虽然我还在象牙塔　我多么想一夜长大
亲爱的爸爸妈妈　别叫我小傻瓜
虽然我很听话　不代表我没有想法
我喜欢酸的甜　这就是真的我
每一天对于我都非常新鲜
我挑剔的味觉　有最独特的区别
我喜欢酸的甜　这就是真的我
青春期的我有一点点自恋
大人们的世界　等待着我去冒险
哈……快长大　快快长大
对这个世界 say hi!
我要我自我最像我的自我
人群之中我要最最的独特　唱我自己的歌　要唱出我的性格
我要我自我最爱我的自我　笑过哭过我会全部都记得
梦想总会有沙漠　梦想就是种快乐
啦……

心语心愿

祝愿每位同学能够正确认识自己，同时也了解身边的同学，彼此相互了解与体谅，一起开心快乐地学习与生活！

心路历程

第二课　相信自己，明天更辉煌
——体验自我

心海导航

自信心，是相信自己有能力实现愿望的心理，是对自己力量的充分肯定。充满自信的人具有极大的人格魅力，自信心是人们成长与成才不可缺少的一种心理品质。缺乏自信，会造成学生在学习上、生活上或社会交往中产生一种自卑的消极心理，还会让他们在日常生活中表现出内向、怯懦的性格特征。缺乏自信的人很难适应以后复杂多变的社会生活。成功学家拿破仑·希尔说过："有方向感的信心，可令我们每一个意念都充满力量，当你有强大的自信心去推动你的成功车轮，你就可平步青云，无止境地攀上成功之岭。"自信是获得成功的必备素质；自信是我们向一定目标进取，实现自己远大理想的动力源泉；自信是我们克服困难、抵抗挫折的巨大精神支撑力；自信还能够促进我们严格要求自己，天天向上，而不至于自暴自弃、误入歧途。

中职生在学习与生活中会遇到一些困难，容易缺乏自信，通过本堂心理辅导课的参与和体验，中职生将学会悦纳自我，增强自信心，充分展现自己的实力，在今后的人生道路上成为一个自信、成功的人。

心海扬帆

学习目标

【知识与技能目标】认识到自信的力量，学会发现自己的优点与长处，掌握如何来悦纳自我。

【过程与方法目标】树立自信心，并能够在现实中充满自信地进行学习、生活与工作。

【情感、态度与价值观目标】体验悦纳自我的愉悦感，以积极、乐观、向上的态度来展示自我，在今后的人生道路上成为一个自信、成功的人。

学习重点

悦纳自我，增强自信心，充分展现自己的实力，在今后的人生道路上成为一个自信、成功的人。

学习难点

学会发现自己的优点与长处，掌握如何来悦纳自我。

学习方式

动画欣赏、游戏体验、讨论交流、探讨分享。

心海起航

每人一张白纸。

心海泛舟

一、动画欣赏:《我就是郭靖》(动画见网址:http://comic.qq.com/z/mini/20050727guojing.htm)

1.动画描绘了主人公怎样的特点?

____

2.看了动画,你有什么感受和启发?

____

二、自我探索:肯定的盒子

仔细阅读下面的句子,请将符合自己的写在“我相信”一栏,不符合自己的写在“我不相信”一栏。1.我很漂亮/帅气。2.我很聪明。3.我很努力。4.我将会成为大人物。5.我很有创意。6.我人际关系良好。7.我运动神经发达。8.我成绩良好。9.我对艺术很有天分。10.我很孝顺父母。11.我很有毅力。12.我具有冒险精神。13.我很有耐心。14.我很有爱心。15.我对未来有梦想。16.我理解力佳。17.我记忆能力强。18.我做事积极。19.我很乐观。20.我懂得知足。

同学们还可以积极思考,补充上面没有列出的内容,填在相应的盒子中。

我相信	我不相信

以小组为单位,交流分享自己在哪些方面很有自信,而哪些方面还不够,是自己今后要努力的方向。

三、心理游戏:优点大轰炸

每个小组轮流让一位同学坐到中间,其他成员轮流大声地说这位同学的优点,游戏结束后将同学刚才对自己讲的这些优点写下来。

四、分享时刻:《世界上最伟大的推销员》

1.这堂课带给你的收获和感受有哪些?

2.我们一起来分享几段来自录音《世界上最伟大的推销员》①的话,感受他的那份自信和力量。

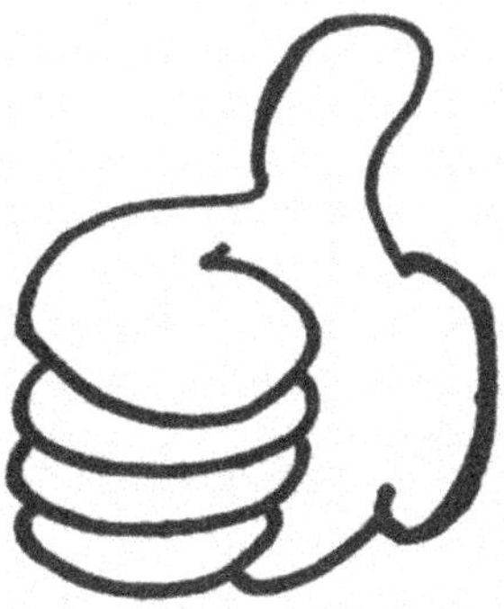

① 林文力:《羊皮卷智慧总集:上》,内蒙古文化出版社2010年版,第9—10页。

我是自然界最伟大的奇迹。自从上帝创造了天地万物以来，没有一个人和我一样，我的头脑、心灵、眼睛、耳朵、双手、头发、嘴唇都是与众不同的。言谈举止和我完全一样的人以前没有，现在没有，以后也不会有。虽然四海之内皆兄弟，然而人人各异。我是独一无二的造化。我是自然界最伟大的奇迹。

我不可能像动物一样容易满足，我心中燃烧着代代相传的火焰，它激励我超越自己，我要使这团火燃得更旺，向世界宣布我的出类拔萃。没有人能模仿我的笔迹，我的商标，我的成功，我的推销能力。从今往后，我要使自己的个性充分发展，因为这是我得以成功的一大资本。我是自然界最伟大的奇迹。

我不再徒劳地模仿别人，而要展示自己的个性。我不但要宣扬它，还要推销它。我要学会去同存异，强调自己与众不同之处，回避人所共有的东西，而且要把这种原则运用到商品上。推销员和货物，两者独树一帜，我为此而自豪。我是独一无二的奇迹。物以稀为贵。我独行特例，因而身价百倍。我是千万年进化的终端产物，头脑和身体都超过以往的帝王与智者。但是，我的技艺，我的头脑，我的心灵，我的身体，若不善加利用，都将随着时间的流逝而迟钝、腐朽，甚至死亡。我的潜力无穷无尽，脑力、体能稍加开发，就能超过以往的任何成就。从今天开始，我就要开发潜力。我不再因昨日的成绩沾沾自喜，不再为微不足道的成绩自吹自擂。我能做的比已经完成的更好。我的出生并非最后一样奇迹，为什么自己不能再创奇迹呢？我是自然界最伟大的奇迹。

我不是随意来到这个世上的。我生来应为高山，而非草芥。从今往后，我要竭尽全力成为群峰之巅，将我的潜能发挥到最大限度。我要吸取前人的经验，了解自己以及手中的货物，这样才能成倍增加销量。我要字斟句酌，反复推敲推销时用的语言，因为这是成功事业的关键。我绝不忘记，许多成功的商人，其实只有一套说辞，却能使他们无往不利。我也要不断改进自己的仪态和风度，因为这是吸引别人的美德。我是自然界最伟大的奇迹。

我要专心致志，对抗眼前的挑战。我的行动会使我忘却其一切，不让家事缠身。身在商场，不可恋家，否则将会使我思想混浊。另一方面，当我与家人同处时，一定得把工作留在门外，否则会使家人感到冷落。商场上没有一块属于家人的地方，同样，家中也没有谈论商务的地方。这两者必须截然分开，否则就会顾此失彼，这是很多人难以走出的误区。我是自然界最伟大的奇迹。

我有双眼，可以观察；我有头脑，可以思考。现在我已洞悉了一个人生中伟大的奥秘。我发现，一切问题、沮丧、悲伤，都是乔装打扮的机遇之神。我不再被他们的外表所蒙骗，我已睁开双眼，看破了他们的伪装。我是自然界最伟大的奇迹。

飞禽走兽、花草树木、风雨山石、河流湖泊，都没有像我一样的起源，我孕育在爱中，肩负使命而生。过去我忽略了这个事实，从今往后，它将塑造我的性格，引导我的人生。我是自然界最伟大的奇迹。

自然界不知何谓失败，终以胜利者的姿态出现，我也要如此，因为成功一旦降临，就会再度光顾。我会成功，我会成为伟大的推销员，因为我举世无双。我是自然界最伟大的奇迹。

心语心愿

祝愿每位同学能够不断发现自己的优点和长处，树立自信心，在今后的人生道路上充分展示自己，成为自信、成功的人！

心路历程

第三课 张开隐形的翅膀
——调适自我

心海导航

自我意识是指个人对自己心理倾向、个性心理特点和心理过程的认识与评价。自我意识的结构包括知、情、意三个方面，即自我意识由自我认知、自我体验和自我调节（自我控制）三个子系统构成。

中职生正处身心发展时期，这时的他们开始关注自我的个性特点及成长，思考自己的人生道路和价值观，通过本堂心理辅导课的参与和体验，他们将正确地认识自己，发现和欣赏自己的优点和长处，接纳和改正自己的缺点和不足，也就是通常我们所说的悦纳自我，体验自己美好的青春，并且在此基础上思考如何来完善自己，为自己的梦想努力奋斗，在自己的青春年华里实现自我价值，从而使自己的青春更加精彩。

心海扬帆

学习目标

【知识与技能目标】认识到自己是独一无二的，了解自己是怎样的一个人，挖掘自身的优点，发现自身的不足。

【过程与方法目标】学会认识自我、悦纳自我、调整自我，并在这一过程中掌握方法，有所领悟，从而更好地发挥优势、弥补不足，做最好的自己，使自己的青春更加精彩。

【情感、态度与价值观目标】在自我探索的过程中体验到愉悦感，树立自信心，明确自己青春时代的人生目标，并以积极向上的态度为之努力奋斗，实现自我价值。

学习重点

悦纳自我，树立自信心，明确自己在青春期的人生目标，并以积极向上的态度为之努力奋斗，实现自我价值。

学习难点

学会自我调适，发挥优势，弥补不足，从而完善自我，做最好的自己。

学习方式

音乐欣赏、游戏体验、头脑风暴法、小组讨论、班级分享。

心海起航

8 人一组并选好组长，每人一张圆形卡纸、一支黑色水笔。

心海泛舟

一、音乐欣赏

看歌词，然后思考下列问题。

每一次都在徘徊孤单中坚强，每一次就算很受伤也不闪泪光
我知道我一直有双隐形的翅膀，带我飞飞过绝望
不去想他们拥有美丽的太阳，我看见每天的夕阳也会有变化
我知道我一直有双隐形的翅膀，带我飞给我希望
我终于看到所有梦想都开花，追逐的年轻歌声多嘹亮
我终于翱翔用心凝望不害怕，哪里会有风就飞多远吧
隐形的翅膀，让梦恒久比天长，留一个愿望让自己想象

1. 你听过这首歌吗，这首歌的歌名是什么？

____

____

2. 同学们正值青春年华，都拥有一双隐形的翅膀，你想不想找到自己隐形的翅膀，然后朝着自己的梦想起飞呢？

____

____

今天我们就一起来找找自己隐形的翅膀，放飞我们的青春。

二、暖身活动：独一无二的我①

1. 每人在桌上拿一张圆形卡纸，然后用黑色水笔在纸上描出自己左手手掌的轮廓（注意：不用写名字）。

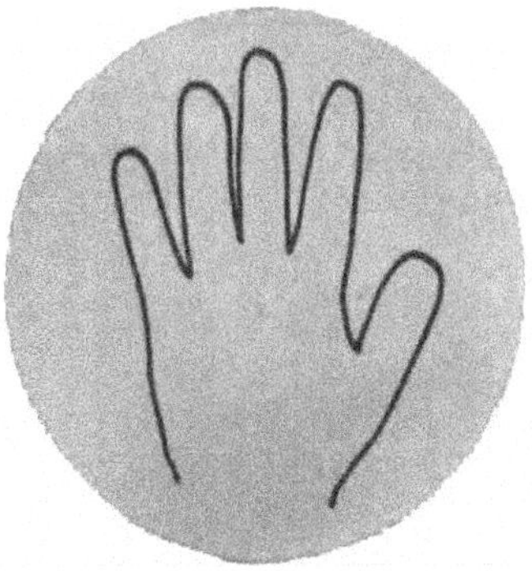

① 浙江省教育厅职成教教研室：《心灵乐园》，浙江大学出版社 2009 年版，第 2 页。

2.每组组长把你们组画好的掌印收起来,然后把这叠掌印打乱。

3.请每位同学在这叠掌印中找到自己的掌印。

4.你找到自己的掌印了吗?怎么找到的呀?

____

____

5.通过这个游戏你发现了什么?

____

____

同学们通过各种方法找到了自己的掌印,认识到了自己的手掌是独一无二的,相信在你们这个青春时代,每位同学都有一个属于自己的梦想,请同学们在掌心写下自己的梦想,记录如下。

____

____

三、认识自我:我是谁——探索我的青春①

伴随着动听的音乐,大家在自己的掌心写下了美丽的梦想,你觉得实现梦想要靠谁?那怎样才能实现自己的梦想?

只有正确地了解自己,才能实现自己的梦想,下面就让我们来认识一下自己。

1.请同学们尽可能多地写出几句“我是一个____________的人”。

如:我是一个健康/善良/大方/热情的人;

我是一个节奏感/空间感(不)强的人;

我是一个(不)喜欢唱歌/跳舞/运动的人;

我是一个内向/外向/任性/倔强/脾气暴躁/乐观/直爽/犹豫的人;

我是一个(不)擅长交际/反思/写作/表达/运算/分析/观察的人。

可以从外表、性格、兴趣、爱好、特长、人际关系等几个方面进行描述。

我是一个______________________________人

我是一个______________________________人

我是一个______________________________人

我是一个______________________________人

2.写一写自己是一个什么样的人?

____

____

3.下面请大家结合自己的梦想,在每句话的后面添上符号,觉得是有助于自己实现青春梦想的标上加号,阻碍自己实现青春梦想的标上减号。

---

① 浙江省教育厅职成教教研室:《心灵乐园》,浙江大学出版社 2009 年版,第 28 页。

四、悦纳自我:天生我才必有用——体验我的青春

1.请大家分小组讨论,每位同学都说一说自己有哪些优势,怎样发挥它们来实现自己青春时代的梦想。一位同学说完以后,其他同学帮忙补充,告诉他(她)还有什么优势可以进一步发挥,讨论结束后每组派代表发言,记录如下。

2.下面请各组代表发言,记录如下。

五、超越自我:做最好的自己——完善我的青春

1.刚才同学们谈了怎样发挥自己的优势来实现自己的人生价值。下面来谈一谈自己有哪些不足,该如何改进,从而使同学们的青春更加精彩。同样地,一位同学说完以后其他同学帮忙补充,提醒他(她)还有哪些缺点需要改进,讨论结束后每组派代表发言,记录如下。

2.下面请各组代表发言,记录如下。

六、分享时刻:飞得更高——放飞我的青春

1.这堂课带给你的收获和感受有哪些?

这堂课中,同学们正确地认识了自己,知道了该如何发挥优势,弥补不足,来实现自己的青春梦想和人生价值,从而让自己的青春精彩无限!下面,一起来欣赏歌曲《飞得更高》中的一段歌词。

生命就像一条大河　时而宁静时而疯狂
现实就像一把枷锁　把我捆住无法挣脱
这谜样的生活锋利如刀　一次次将我重伤
我知道我要的那种幸福　就在那片更高的天空
我要飞得更高飞得更高　狂风一样舞蹈挣脱怀抱
我要飞得更高飞得更高　翅膀卷起风暴心生呼啸
飞得更高　一直在飞一直在找　可我发现无法找到
若真想要是一次解放　要先剪碎这有过的往
我要的一种生命更灿烂　我要的一片天空更蔚蓝
我知道我要的那种幸福　就在那片更高的天空
我要飞得更高飞得更高　狂风一样舞蹈挣脱怀抱
我要飞得更高飞得更高　翅膀卷起风暴心生呼啸
飞得更高飞得更高飞得更高……

2.这首歌的歌词带给同学们什么启发呢？

心语心愿

祝愿每位同学在自己美丽的青春道路上张开自己隐形的翅膀，飞向更加美好的明天，唱响一曲斗志昂扬的青春赞歌！

心路历程

主题二 学业辅导

现阶段，学习是同学们主要的任务，同学们的学习状况不仅影响着自己的成长，更牵动着家长和教师的心。细节决定成败，习惯成就未来，养成一个良好的学习习惯，你将终身受益。

有人说，上帝对每个人都是公平的，他给每个人一天 24 小时。无论你是穷人，还是富人，一天都只能拥有他给你安排的时间，“一寸光阴一寸金，寸金难买寸光阴”，不管你花再多的钱，都无法在一天中拥有更多的时间，只有合理地安排好自己的时间，并发挥其最大的用处，你的生活才会是美好的。

第一课　开启智慧的窗户
——注意力训练

心海导航

注意是人的心理活动对某些事物的指向性与集中性，即心理活动的方向和程度。集中注意力对于做成功一件事情至关重要，养成集中注意力的好习惯有利于同学们在学业上获得更好的成绩。

中职生，自控能力还处于发展阶段，容易受到外界的干扰，较难集中注意力，大脑皮层兴奋和抑制过程不均衡，不够协调，容易引起兴奋，但精神不易集中。这对同学们的学业会造成较大的影响。一般情况下，学生的注意力以无意注意为主，且自制力较差，课堂上总会走神。对于课堂上做小动作的学生，需要有针对性地进行训练，提高注意力，以适应课堂生活。

通过本堂心理辅导课的参与和体验，同学们将认识到集中注意力的重要性，探讨并掌握集中注意力的方法，在实际生活中体验到集中注意力做成事情的成就感，从而能够专心致志、认真仔细地对待学习。

心海扬帆

学习目标

【知识与技能目标】认识到集中注意力的重要性，掌握集中注意力的一些技巧和策略。

【过程与方法目标】分析无法集中注意力的原因，探讨克服干扰、集中注意力的方法，并能灵活运用到实际生活中。

【情感、态度与价值观目标】体验到集中注意力做成事情的成就感，从而能够专心致志、认真仔细地对待学习。

学习重点

通过集中注意力做到专心致志、认真仔细地对待学习。

学习难点

总结、领悟出集中注意力的方法，并能运用到实际生活中。

学习方式

游戏体验、讨论交流、分享体验、实践训练、朗读学习。

心海起航

分好小组并选好组长。

心海泛舟

一、心理游戏:抓手指①

同组同学围成一圈,每位同学伸出右手,掌心向下,再伸出左手食指向上。用左手食指顶住左边同学的右掌心,而你的右手掌心与你右手同学的左手食指指尖相接触。接下来请大家仔细听音乐,当听到"快乐"两个字时,要迅速用自己的右手掌去抓旁边同学的左手食指,而自己左手的食指则争取快速逃脱,不让左边同学的右手掌抓住。

1. 既抓到别人,自己又没被抓住的同学请举手。

2. 分享自己做这个游戏的心得与感受。

二、班级论坛:如何集中注意力

1. 你有过不集中注意力的经历吗?

2. 若有,请你具体来讲述一次不集中注意力的经历。

① 钟志农:《心理辅导活动课操作实务》,宁波出版社 2007 年版,第 120 页。

3. 不集中注意力对你造成了什么影响？

____

____

____

____

____

4. 分析不能集中注意力的原因。

____

____

____

____

分小组讨论应对不集中注意力的方法。根据上述4个问题，填写原因及应对策略在空格处。

原因： 应对策略：	原因： 应对策略：
原因： 应对策略：	原因： 应对策略：

三、实战演练：注意力训练

(1)尝试发出四种声音：

①手指互相敲击；

②两手轮拍大腿；

③大力鼓掌；

④跺脚。

(2)我们刚才发出的声音与哪一种自然现象较为相似？

(3)让我们一起来欣赏《雨点变奏曲》①。

现在开始下小雨，小雨变中雨，中雨变成大雨，大雨变成暴雨，暴雨变成大雨，大雨变成中雨，又渐渐变成小雨……

四、分享时刻：《上课六字法》

1. 这堂课带给你的收获和感受有哪些？

① 钟志农：《心理辅导活动操作实务》，宁波出版社2007年版，第129页。

这堂课中，同学们认识到了集中注意力的重要性；分析了无法集中注意力的原因；探讨了如何克服干扰，从而专注地进行学习的应对策略；并且同学们还进行了集中注意力的训练，体验到了集中注意力做成一件事情的愉悦感。

2. 下面同学们一起来朗读《上课六字法》(具体内容详见网页：http://www.hangzhou.com.cn/20060801/ca1234999.htm)。

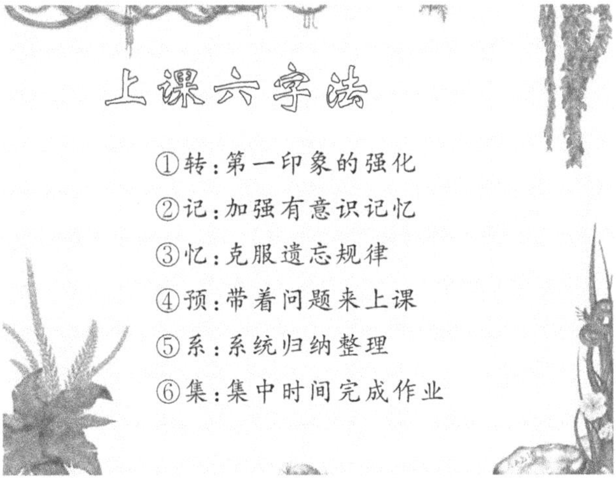

心语心愿

祝愿每位同学能够更加专注地进行学习，在学业上取得更好的成绩，每天都拥有灿烂的笑容！

心路历程

第二课　做时间的主人
——自我管理辅导

心海导航

时间管理在现今繁忙的社会当中，是相当重要且不容忽视的。时间管理是压力管理的关键策略。同学们在日常生活中遇到的压力，大多来自于同时执行太多计划，未能有效地利用时间，以及拖延。长期拖延通常会导致失望、失败感、焦虑且增加压力。

中职生常常因为不懂得利用时间所以顾此失彼，甚至造成学业上、生活上较多的困扰。因此，投资时间与努力来学习管理时间技巧是件很值得的事。在同学们求学生涯当中，若能了解并掌握时间运用的原则，找出自己的不当的时间浪费，增加可利用的时间资源，必定有助于自己的学习。时间管理对于促进同学们身心健康与压力舒缓有一定程度的帮助，而且管理时间是有一定的方法与技巧的。通过本堂心理辅导课的参与和体验，同学们将了解自己的时间运用情况，并能恰当地选择、分配、利用时间，以对自己的学习有所帮助。

心海扬帆

学习目标

【知识与技能目标】认识到每个人的时间是有限的，了解自己的时间利用情况，掌握合理利用自己的时间的技巧，检视与修正自己的时间管理方法。

【过程与方法目标】探讨适合自己的时间管理方法，并能在日常生活中合理安排自己的时间。

【情感、态度与价值观目标】体会时间的珍贵，珍视自己的时间，树立正确的时间观念。

学习重点

合理安排自己的时间。

学习难点

探索适合自己的时间管理方法，并能在日常生活中运用。

学习方式

猜谜语、心理游戏、讨论交流、分享体验、动画欣赏。

心海起航

全班同学分成四组，分别围成4个圈坐好。

心海泛舟

一、揭开谜底:特殊的见面礼

今天给大家带来的是一份特殊的见面礼,先来猜一猜是什么?

世界上有一个奇怪的银行,它给每个人都开了个账户,每天都往大家的账户上存入同样数目的资金,让你当天用完,不准把余额记账,不准预支和超支,如果用不完,第二天就自行报废,请问,这个银行每天给我们存入的到底是什么?(具体内容见网页:http://wenku.baidu.com/link? url=9Bccjz9wNaVsIEULjYiFWQyUSRMFNUod0_alJk_Bi3oFmcxHbn78nwNyI_MqTNzVjFL48arfxh9r9rhBDolXCFpakIBpHu3sseLNIkf8BuO)

谜底是________________

二、自我探索:我的时间刻度尺①

1.拿出时间刻度尺,它代表我们一生所拥有的时间。

2.在刻度尺上标出零刻度线,这代表你出生在这一刻,再找出生命可能结束的刻度线,并标上年龄,然后再找到现在所在的年龄位置。

3.撕去已经度过的时光,并撕去人生可能结束后的部分,现在我们手中剩下的是______。

4.找出退休的刻度,然后撕去退休后的时光。

5.现在同学们来算一算:

①从现在开始到退休还剩多少年?

____

____

②这几十年中,同学们有多少时间要用来睡觉休息?又有多少时间用来吃饭、娱乐休闲、发呆?

____

____

① 钟志农:《心理辅导活动课操作实务》,宁波出版社2007年版,第251页。

③还剩多少时间可以用来学习和工作？

6. 时间刻度尺上，真正用于努力奋斗的时间有多少？

7. 谈一谈在游戏中的体会和感受。

三、实战演练：时间的主人 & 生活馅饼

1. 时间的主人。

(1)同学们每天自主安排的时间有哪些？

(2)在这些时间里有哪些事需要去完成？

(3)请列出一张时间表。

时　间	项目或任务

2.生活馅饼①。

(1)在学校里,同学们一天当中有哪些需要做的事?

(2)下面这个圆圈代表一天24个小时,现在请同学们估计一下你每天需要做的事情所占用的时间,然后把你自己的“馅饼”按各项比例加以分割,画在自己的圆圈上。

(3)你对自己目前的时间使用情形满意吗?

(4)在你的理想中,应该怎样使用时间?

(5)在下面这个圆圈中画出你理想的生活馅饼。

① 钟志农:《心理辅导活动操作实务》,宁波出版社2007年版,第199页。

四、分享时刻：《真心英雄》

1. 这堂课带给你的收获和感受有哪些？

2. 这堂课中，同学们体会到了时间的珍贵，一起探讨了如何合理安排自己的时间。下面让我们一起来看《真心英雄》的歌词，并一起合唱。

在我心中曾经有一个梦　要用歌声让你忘了所有的痛
灿烂星空谁是真的英雄　平凡的人们给我最多感动
再没有恨也没有了痛　但愿人间处处都有爱的影踪
用我们的歌换你真心笑容　祝福你的人生从此与众不同
把握生命里的每一分钟　全力以赴我们心中的梦
不经历风雨怎么见彩虹　没有人能随随便便成功
把握生命里每一次感动　和心爱的朋友热情相拥
让真心的话和开心的泪　在你我的心里流动

心语心愿

祝愿每位同学能够珍惜时间，合理地安排时间，更好地学习、生活和工作，愉快地享受生命中每一个春夏秋冬！

心路历程

第三课　傲视群雄战考场
——考试心态调适

心海导航

作为学生，会面临许多考试，有些同学在平时遇到难题时，都可以从容作答，思维敏捷，可是一到考试时，那股沉着、敏捷劲全没了，本来不成问题的问题，却怎么也解不出来或答题漏洞百出，解题时计算马虎、题目看错，等到走出考场后才突然明白应该怎么做。很多同学都在学习方法上找原因，但问题仍然存在，仍然害怕考试。

因此这使得正确认识考试，调整考试心态就显得尤为重要，良好的心态是决胜考场的关键因素。通过本堂心理辅导课的参与和体验，同学们将正确地认识考试，了解考试前需要做好的一些准备，掌握应考策略和技巧，学会调适考试心态，在考试中获得最佳成绩。

心海扬帆

学习目标

【知识与技能目标】正确认识考试，了解考试前应要做好的准备，掌握应对考试的技巧。

【过程与方法目标】总结并掌握应对考试的方法，学会调整考试心态，在今后的考试中能够沉着应答，在考试中获得最佳成绩。

【情感、态度与价值观目标】以良好的情绪应对考试，积极、乐观、理性地看待考试。

学习重点

学会在考试前做好充分的准备，以良好的情绪应对考试，积极、乐观、理性地看待考试。

学习难点

掌握应对考试的方法，学会调整心态。

学习方式

故事解读、方法学习、讨论交流、分享体验。

心海起航

分小组坐好并选好组长。

心海泛舟

一、故事阅读：后羿射箭

后羿是一个神箭手，平时射箭都是箭无虚发。有一天，夏王指着一块一尺见方、射心一寸的兽皮箭靶对后羿说："请射吧！如果射中了，赏你万金，如果射不中就削掉你千户的封邑。"后羿听后十分紧张，结果呼吸急促不能自控，屡射不中。

夏王问之何故？有人答道："后羿之所以这样，那是因为情绪波动影响了他的射技，万金厚赏及削掉封邑的压力造成了他的失误。"（具体内容详见网页：http://www.docin.com/p-502383075.html）

1. 从这个故事你得到了什么启发？

2. 影响考试的因素是什么？

二、班级论坛：考试心态调适

中国科学院心理研究所王极盛教授连续5年对高考状元进行跟踪研究，发现在影响高考成功的20个因素中，第一的因素是应对考试的心态，第二的因素是考试前的心理状态，第三的因素是学习方法，第四的因素是学习基础。（具体内容详见网页：http://www.doc88.com/p-979358037532.html）

小组讨论，思考这样几个问题：

1. 考试前应做好哪些准备？

2. 考试时需要做些什么？

3. 怎样调整考试心态？

4. 分享你的应试技巧。

三、实践活动：我的未来不是梦

请同学们一边欣赏歌曲《我的未来不是梦》中的歌词，一边写下对自己或者是对同学的美好祝愿。

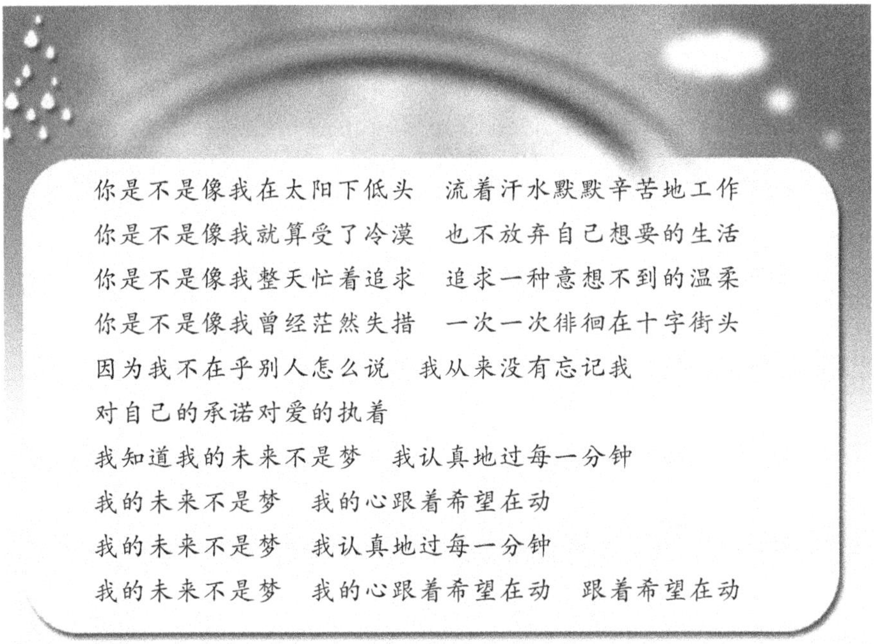

四、分享时刻:《应考策略》

1. 这堂课带给你的收获和感受有哪些?

____

____

____

____

____

____

____

2. 在这堂课中,我们同学学会了调适考试压力,掌握了一些应考技巧,下面一起来分享《应考策略》(具体内容详见网页:http://wenku.baidu.com/link? url=fU9ZwfFU4heOcTvca7aDIhSDMCh8UjKmxenk6xmcJc4N6lB66rtskfetx5w42pjJwlJF48zjw2A4IzZQ5sGJtN_-4zE7_z7ldI3IBN9uoq)。

LOVE

作息规律一些	考前梳理一遍
信心充足一些	出门清理一遍
考场镇定一些	接卷后看一遍
审题仔细一些	书写流利一些
卷面规范一些	考后少议论一些

心语心愿

祝愿每位同学能够树立良好的应考心态,沉着应考,在考试中取得优异的成绩,拥有美好的未来!

心路历程

主题三 心理品质辅导

“性格决定命运”。良好的心理品质能够有效地促进同学们更好地成长。曾经发生过这样一件事。一位推销员向贵妇推销产品，但骄傲的贵妇对推销员嗤之以鼻：“你这样的人永远只能当一个推销员。”推销员对于满脸不屑的贵妇，没有辩解，默默地转身离去。世事难料，曾经的推销员如今竟如此有成就，成为某企业的CEO，他再回想当时，他说他要谢谢那位满脸不屑的贵妇，若不是她的一番话，说不定到今天他还是个碌碌无为的小推销员。

的确，把别人的冷嘲热讽化作对自己有用的建议、自己的动力，有这样气度的人足以有一番成就。不管在何时，调整自己的心态很重要，不灰心，不气馁，继续努力，与机会失之交臂时，应该知道，也许下一次会有比这次更好的舞台展示自我。只要对自己充满自信，相信自己，你一定可以成功。

第一课 了解我的性格类型
——性格辅导

心海导航

每个人都有属于自己的性格，性格可以分为这么几种类型：S(乐观型/活泼型)、C(急躁型/力量型)、M(忧郁型/完美型)、P(冷静型/平和型)，每种性格类型都有其各自的优势和弊端，这些性格类型之间也有着一些联系，了解自己的性格有利于同学们更好地进行学习、生活和工作。

中职生往往对自己的性格类型缺乏了解，不懂得扬长避短，遇事易随性而为，盲目冲动，同时也缺乏对他人的了解、体谅与包容，容易造成误会和冲突。通过本堂心理辅导课的参与和体验，同学们将了解自己的性格特点，发挥自己性格的优势，弥补自己的不足，理解他人，包容他人，接纳他人，友善地与他人相处。

心海扬帆

学习目标

【知识与技能目标】知道四种性格类型，了解它们各自的特点及其相互关系，认识自己的性格类型及特点。

【过程与方法目标】知道如何发挥自己性格的优势，弥补自己的不足，并能够运用到实际中。

【情感、态度与价值观目标】彼此接纳，互相体谅，理解他人，包容他人，友善地与他人相处。

学习重点

了解自己及他人性格的特点，和平友善地与他人相处。

学习难点

在实际的学习与生活中发挥自己性格的优势，弥补自己性格方面的一些不足，从而更好地学习、生活、与人交流。

学习方式

自我测试、讨论交流、分享体验、音乐欣赏。

心海起航

每人分发一份性格类型测试问卷、一支黑色水笔。

心海泛舟

一、自我测试：我的性格类型

★指导语：在符合你个人情况的题号上打“√”，根据自己的第一反应或第一印象回答，不要在一个问题上拖延太久。

1. 人们说我非常友好。
2. 我只有几个朋友，但我们非常密切。
3. 我是天生的领导者。
4. 我宁可节省也不肯乱花钱。
5. 我享受生活！
6. 我喜欢每个细节都完美。
7. 我情绪不定，我早上起来不知今天会是什么情绪。
8. 我发觉自己很容易批评任何事。
9. 我容易生气。
10. 我难以做出决定。
11. 事情很少能让我生气与不安。
12. 和一群人在一起时我喜欢讲生动的故事。
13. 人们说我不太靠得住。
14. 我很自律。
15. 人们说我冷漠无情。
16. 我果断。
17. 我幽默风趣。
18. 我喜欢闲逛和无所事事。
19. 我不是很有组织性。
20. 我更喜欢旁观而不参与。
21. 我发现自己难以宽恕别人。
22. 我在短时间内能做许多事。
23. 人们说我太喧哗。

24. 我易于忧郁和悲观。

25. 我不是太有动机。

26. 我非常有耐心。

27. 我爱说话。

28. 我不喜欢大的聚会,我愿意只有几个亲密的朋友。

29. 我是个热情的人。

30. 人们说我是一个非常勇敢的冒险者。

31. 我对事情有清楚的看法。

32. 我喜欢睡觉。

33. 我喜欢掌控局势与事态。

34. 我不擅长交朋友。

35. 我喜欢艺术,它能反映我的心灵追求。

36. 我爱几乎每一个人。

37. 我非常自信。

38. 我常认为人们不喜欢我。

39. 我花钱很大方。

40. 我感到很累。

(性格测试具体内容见网址:http://blog.renren.com/share/254673767/7129435443)

每道题所对应的字母如下:

S—1, M—2, C—3, P—4, S—5,

M—6, M—7, M—8,C—9, P—10,

P—11,S—12, S—13, M—14, C—15,

C—16,P—17, P—18, S—19, P—20,

C—21, C—22, S—23, M—24, P—25,

P—26, S—27, M—28, S—29, C—30,

C—31, P—32, C—33, M—34, M—35,

S—36, C—37, M—38, S—39, P—40

将各字母的打"√"题号分别相加。哪个字母的得分最高,你就属于哪种性格类型,并填写表3-1。

表 3-1 总得分

类 型	得 分
S	
M	
C	
P	

我属于____________________型。

二、小组讨论：我们的性格特点

1. 相同性格类型的同学坐在一起，全班分成四组。

2. 猜测四个小组分别属于哪种类型？

S：____

C：____

M：____

P：____

3. 请同学们在小组内讨论。

(1)自己组的这种类型的性格有什么特点？

____

____

____

____

(2)这种类型在生活中有哪些优势，会有哪些弊端？

____

____

____

____

(3)今后如何进一步发挥自己性格上的优势，如何回避性格上的不足？

____

____

____

____

____

三、理论学习:SCPM 性格的特点

S(乐观型/活泼型):乐观型的人总希望永远活得快乐。典型的活泼型性格表现为:开朗,情感外露,热情奔放,喜欢玩,话特别多,很爱笑,懂得把工作变成乐趣,而且乐于与人交往。他们能够从任何事情中发掘出兴奋点。他们既外向,又乐观。

C(急躁型/力量型):永远充满动力,勇于攀登高不可攀的顶峰,总是对准目标前进。性格比较强烈,控制欲比较强,喜欢当老大。他们能够坦诚地与人交流,相信只要由他来负责,一切将会妥当。他们与生俱来的领导素质,往往在自己的选择中达至顶峰。

M(忧郁型/完美型):忧郁型的人文静,随和,喜欢独处,懂得深思熟虑。完美型的人是事事要求完美,衣柜要求整齐,床要铺好,房间不可以有一丁点乱。他们对待目标严肃认真,强调做事情要先要组织,崇尚美感和才智,会为生活做长远且最好的安排。

P(冷静型/平和型):冷静型的人性格顺从,不管别人说什么,他们的反应通常都是"好",有时候喜欢悄悄地冷嘲热讽、幸灾乐祸一下。平和型的人是个老好人,一个团队里说话最少的人肯定是平和型,最听别人话的那个肯定也是平和型。他们是情感的缓冲器,提供稳定和平衡,是我们中间伟大的和平促进者。

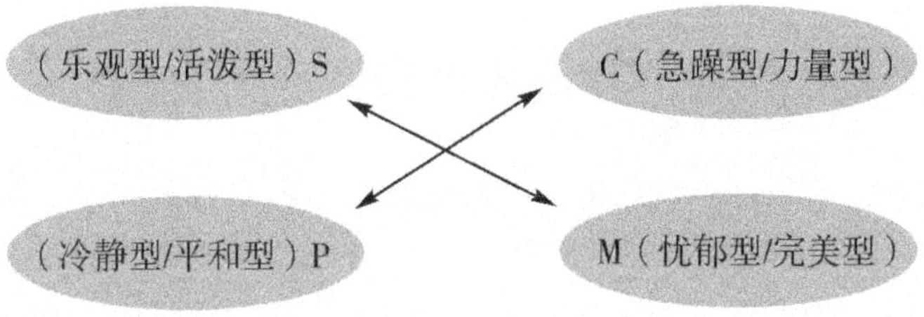

说明:

S(乐观型/活泼型)与 C(急躁型/力量型)属外向型性格;

M(忧郁型/完美型)与 P(冷静型/平和型)属内向型性格;

C(急躁型/力量型)与 P(冷静型/平和型)、S(乐观型/活泼型)与 M(忧郁型/完美型)是两组相对的性格,不可能出现在同一人身上,相对性格的人会彼此羡慕。

注:具体内容见网址:http://wenku.baidu.com/link? url=N8yXpn02bk32L88nyHyJ3k12o5H27z9t73crn5y1C5x_QiJ7Xb31Sw-sAZIjgkPENg6uJSjRRWgoR11KKGZXDH2lX3wJI5lkkm_CnAUh7J7。

四、分享时刻:《让世界充满爱》

1. 这堂课带给你的收获和感受有哪些?

____

____

这堂课中，同学们知道了自己的性格特点。了解了每种性格类型的特点，认识到每种性格的人在人群中发挥着不同的作用，需要彼此接纳，相互包容，和谐融洽地相处。

2.下面让我们一起来欣赏歌曲《让世界充满爱》的歌词。

第一部

想起来是那么遥远　仿佛都已是从前那不曾扑灭的梦幻　依然隐藏在心间
是谁在默默地呼唤　激起了心中的波澜　也许还从未感觉　我们已经走过昨天
哦……一年又一年　哦……我们走向明天　哦……一年又一年　哦……我们走向明天
当我走过你的身边　我愿带走你的笑脸　心中没有一点阴云　阳光变得更加鲜艳
希望会有那么一天　再也没有眼泪仇怨　再也没有流血离散　共有一个美丽的家园
哦……一年又一年　哦……我们迎接明天　哦……一年又一年　哦……
我们迎接明天　太阳在不停地旋转
自古就没有改变　宇宙那无边的情怀　拥抱着我们的心愿
但愿会有那么一天　大海把沙漠染蓝　和平的福音传遍　以微笑面对祖先
哦……一年又一年　哦……我们拥有明天　哦……一年又一年　哦……我们拥有明天

第二部

轻轻地捧着你的脸　为你把眼泪擦干　这颗心永远属于你　告诉我不再孤单
深深地凝望你的眼　不需要更多的语言　紧紧地握住你的手
这温暖依旧未改变　我们同欢乐　我们同忍受　我们怀着同样的期待
我们共风雨　我们共追求　我们珍存同一样的爱　无论你我可曾相识
无论在眼前在天边　真心地为你祝愿　祝愿你幸福平安　我们同欢乐
我们同忍受　我们怀着同样的期待　我们共风雨　我们共追求
我们珍存同一样的爱　无论你我可曾相识　无论在眼前在天边
真心地为你祝愿　祝愿你幸福平安

第三部

你走来，他走来　我们走到一起来　在这缤纷的世界里　心潮澎湃
你走来，他走来　大家走到一起来　在这缤纷的世界里　有无限的爱
哦……让这世界有真心的爱　哦……让这世界充满情和爱　哦……让这世界有真心的爱
哦……让这世界充满情和爱　这世界在变换　唯有渴望不曾改　生命血脉紧相连
永远不分开　如果你，如果我　失去理解和信赖　一切都将不存在　将不存在
哦……让这世界有真心的爱　哦……让这世界充满情和爱　哦……让这世界有真心的爱
哦……让这世界充满情和爱　哦……一年又一年　哦……我们走向明天
哦……一年又一年　哦……我们走向明天　哦……一年又一年　哦……我们迎接明天
哦……一年又一年　哦……我们迎接明天　哦……一年又一年　哦……我们拥有明天
哦……一年又一年　哦……我们拥有明天

心语心愿

祝愿每位同学能够了解自己的性格特点，接纳他人，与他人一起快乐地学习，和谐地生活！

心路历程

第二课 我的情绪我做主
——情绪辅导

心海导航

根据美国心理学家艾利斯的情绪 ABC 理论，激发事件 A(activating event)只是引发情绪和行为后果 C(consequence)的间接原因，而引起 C 的直接原因是个体对激发事件 A 的认知和评价而产生的信念 B(belief)，即人的消极情绪和行为障碍结果(C)，不是由于某一激发事件(A)直接引发的，而是由于经受这一事件的个体对它不正确的认知和评价所产生的某种信念(B)直接引起。

中职生正处于从不成熟到成熟的过渡时期，自我调节及自我控制能力还不强，情绪变化强烈又不稳定，其消极情绪多于积极情绪，且以感性反应为主，理性反应较少，如渐增的自我意识与自我评价所产生的内心冲突，强烈的自主意识与客观依附之间产生矛盾冲突，丰富的情感与寂寞枯燥的学习生活之间的矛盾冲突，性萌芽与社会道德规范之间的矛盾冲突，各种知识兴趣及学习考试压力之间的矛盾，以及在原来初中环境中的荣誉及自豪感与在新学校中的失落之间的矛盾冲突。如处理不好，不仅会引起情绪困扰，更会导致情绪不良及罪恶行为，严重者甚至产生心理疾病。通过本堂心理辅导课的参与和体验，同学们将体验到不同想法对情绪的影响，学会调控自己的情绪。

心海扬帆

学习目标

【知识与技能目标】认识到是自己的想法影响了情绪，掌握调控情绪的技能。

【过程与方法目标】总结领悟出调控情绪的方法，并能够解决实际问题。

【情感、态度与价值观目标】保持良好的心情，以积极的心态来看待事情，形成乐观向上的品质。

学习重点

保持良好的心情，以积极的心态来看待事情，形成乐观向上的品质。

学习难点

发现事件的积极面，树立理性信念。

学习方式

动画欣赏、角色扮演、讨论交流、分享体验。

心海起航

排练好《卖鞋》小品。

心海泛舟

一、动画欣赏:Q哥的苦恼

1. 认识图片上的卡通形象吗？它叫什么名字？

____

____

2. 听Q哥的一段话。

大家好！我是你们的朋友Q哥。最近因为要参加动物王国的知识竞赛，所以我每天很努力地看书、练习，可是比赛那天我还是没考好。我真是笨啊，真没用，辜负了那么多喜欢我的人呀……我该怎么办呢？谁能帮帮我啊？

3. Q哥遇到了什么问题？

____

____

4. 怎样让Q哥开心呢？

____

____

____

二、理论阐述:情绪ABC理论——欣赏学生表演小品《卖鞋》

鞋厂市场部派了两名职员甲、乙到某岛上推销鞋子，却看到岛上居民没有穿鞋子的习惯，男女老少一律打赤脚。

甲认为此岛上的人都不穿鞋子，所以根本没有市场前景，他很沮丧，失望地回了公司……

乙认为此岛上居民都没鞋子穿，这里大有市场，他很高兴，积极地开展推销工作……

注：小品《卖鞋》具体内容见网址：http://wenku.baidu.com/link?url=BUdu29El6EbBpYJBkTgs0Wz2qXvDBGm3GV9w3vLkawASS5xWG8geRVqMmpYtfU_fCo-VaxWFqr7wQCGrbt8TBz_PPKq22JmPKVQzjxLtoSK。情绪ABC理论是由美国心理学家埃利斯创建的。

1. 你觉得这个小品中，这两位销售员此次推销的结果会如何？

____

____

2.这个小品带给你怎样的启示？

3.分析小品。

事件(A) ——→ 想法(B) ——→ 情绪(C)

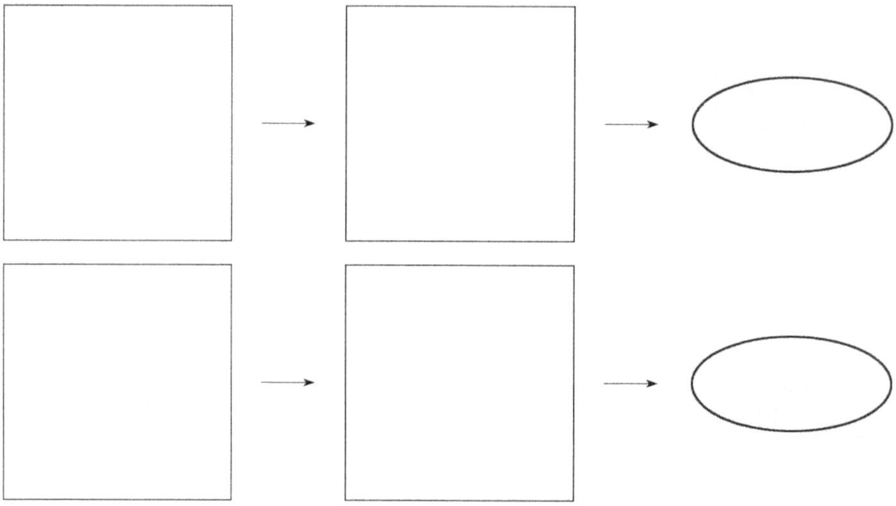

4.经过分析，同学们得出的结论是什么？

三、实战演练：做情绪的主人

1.小组讨论。

同学们一起来体验一下做自己情绪的主人，分小组讨论，应如何看待这些事件？产生怎样的情绪反应？小组同学相互交流，然后全班分享，小组间相互点评，记录如下。

(1)考试得了60分。

(2)上完体育课回来，看到自己课桌上有半杯水。

(3)在路上碰到同班同学，没有和自己打招呼。

(4)看到日落。

(5)看到长在刺梗上的玫瑰。

2.快乐处方

回忆自己亲身经历过的一件事，分析事件的原因，树立阳光思想，填写下列的《快乐处方》。

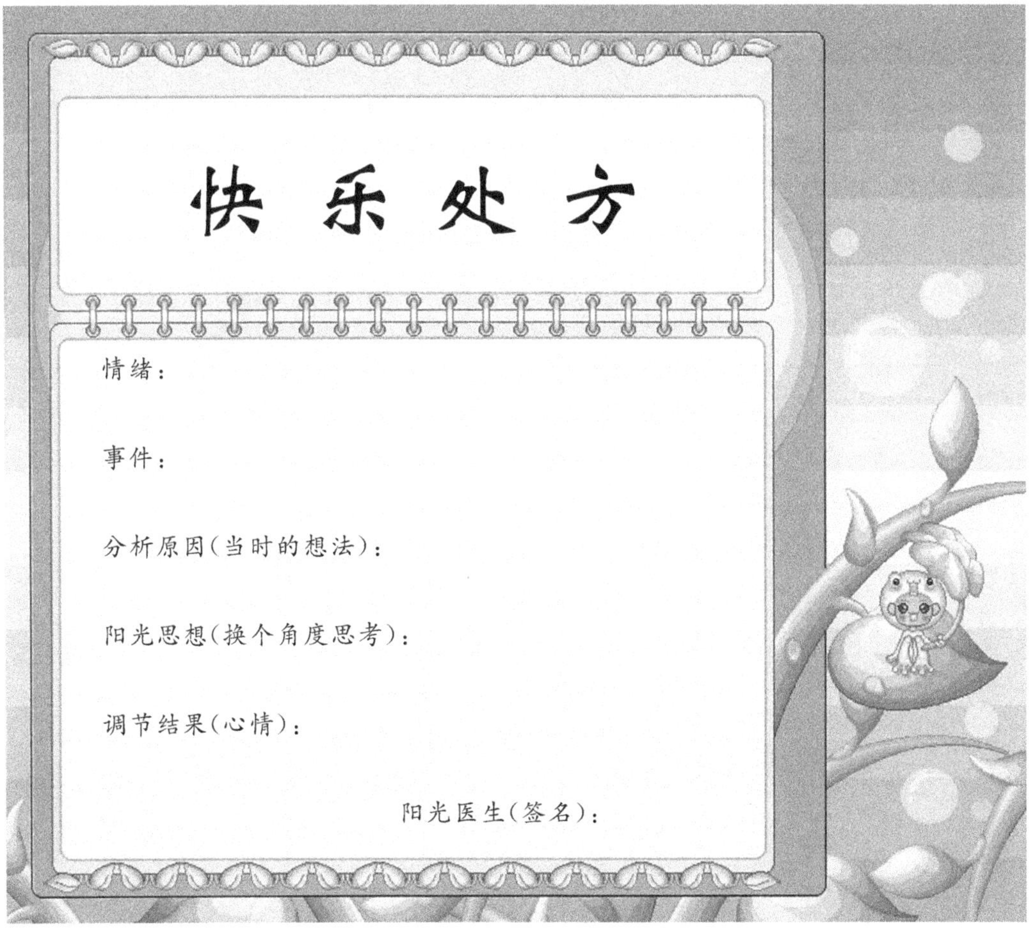

四、分享时刻:《幸福拍手歌》

1.这堂课带给你的收获和感受有哪些?

____

____

____

2.下面让我们一起来欣赏歌曲《幸福拍手歌》的歌词。

如果感到幸福你就拍拍手(拍手二下)
如果感到幸福你就拍拍手(拍手二下)
如果感到幸福就快快拍拍手
看哪大家一齐拍拍手(拍手三下)
如果感到幸福你就跺跺脚(跺脚二下)
如果感到幸福你就跺跺脚(跺脚二下)
如果感到幸福就快快跺跺脚
看哪大家一齐跺跺脚(跺脚三下)
如果感到幸福你就伸伸腰
如果感到幸福你就伸伸腰
如果感到幸福就快快伸伸腰
看哪大家一齐伸伸腰
如果感到幸福你就挤挤眼
如果感到幸福你就挤挤眼
如果感到幸福就快快挤挤眼儿
看哪大家一齐挤挤眼
如果感到幸福你就拍拍肩
如果感到幸福你就拍拍肩
如果感到幸福就快快拍拍肩
看哪大家一齐拍拍肩
如果感到幸福你就拍拍手(拍手二下)
如果感到幸福你就拍拍手(拍手二下)
如果感到幸福就快快拍拍手
看哪大家一齐拍拍手(拍手二下)

心语心愿

祝愿每位同学树立积极阳光的心态，智慧地处理成长中遇到的事情，学会调控自己的情绪，拥有快乐和幸福！

心路历程

第三课 笑对挫折，放飞梦想
——意志辅导

心海导航

人生不可能一帆风顺，人生中难免会遇到一些挫折，有些人因此而一蹶不振，也有些人因此而奋发图强，获得了很大的成功。所以说，挫折尽管会在一时给我们带来一定的伤害，但是它同样可以促进我们的成长。

中职生在生理上日渐成熟，心理上也有成人感，自我意识较为强烈，在生活中会遇到许多不同的挫折，学业的挫折、生活的意外事件、亲人的离去、交往的失败等，容易让同学们产生挫败感，可能会丧失信心，从而影响今后的学习与生活。通过本堂心理辅导课的参与和体验，同学们会学会如何以积极的心态应对挫折，使用合理的方法处理挫折，形成良好的意志品质，从而顺利走过漫长的学习和生活历程，身心得到全面的发展。

心海扬帆

学习目标

【知识与技能目标】认识到挫折的不可避免性和普遍性，认识到挫折对个人成长的积极意义，能正确分析日常生活中的挫折，初步掌握应对挫折的技能。

【过程与方法目标】总结出应对挫折的方法，并能够运用这些方法解决实际问题。

【情感、态度与价值观目标】以积极的心态应对挫折，体验到战胜挫折的成就感、愉悦感，养成坚毅的品格。

学习重点

学会以积极的心态应对挫折。

学习难点

看到挫折的积极面，总结出应对挫折的方法，并能够运用这些方法解决实际问题。

学习方式

故事解读、视频欣赏、讨论交流、分享体验、歌曲演唱。

心海起航

分好小组并选好组长。

心海泛舟

一、故事阅读：三只小鸟

从前有三只小鸟，一起出生，一起长大，一起从巢里飞出去。它们飞到树梢，看到地下的鸡、鸭、牛、羊，觉得自己已经高高在上了，这时它们撞到了树枝，摔了下来，一只小鸟放弃了，留在树梢，另外两只再一次起飞，它们飞到了天空，被五彩斑斓的云彩的美陶醉了，这时，一阵暴风雨又把它们打回了地面，这次比上一次摔得更重，又一只小鸟放弃了，留在了天空。剩下的一只小鸟，忍受着孤独，不停地向上飞着，它终于突破了重重阻挠，翱翔于天际。（具体内容详见网页：http://www.cqvip.com/Read/Read.aspx?id=20739122）

1. 你觉得这三只小鸟的命运如何呢？

____

____

2. 这个故事给我们什么启发？

____

____

3. 联系自己，谈谈你的感受和想法。

____

____

二、案例探讨：《千手观音》

1. 欣赏视频《千手观音》（具体视频见网址：http://www.56.com/u12/v_OTA1NTU1Mw.html）
2. 她们表演得如何？

____

____

3.看了这个视频有哪些问题值得同学们思考?

4.表演者是怎样一群人?

5.她们在训练时会遇到什么困难?

6.她们又是如何克服这些困难?

7.你得到什么启示?

三、班级论坛:我的成长故事

1.分小组讨论,小组成员间分享自己在成长历程中遇到的印象最深刻的一次挫折,并说说自己是如何克服的,讨论结束后每组派代表发言,记录如下。

四、分享时刻:《阳光总在风雨后》

1.这堂课带给你的收获和感受有哪些?

____

____

2.欣赏歌曲《阳光总在风雨后》的歌词,并一同合唱。

人生路上甜苦和喜忧　愿意与你分担所有
难免曾经跌倒和等候　要勇敢地抬头
谁愿藏躲在避风的港口　宁有波涛汹涌的自由
愿是你心中灯塔的守候　在迷雾中让你看透
阳光总在风雨后　乌云上有晴空　珍惜所有的感动
每一份希望在你手中　阳光总在风雨后　请相信有彩虹
风风雨雨都接受　我一直会在你的左右
人生路上甜苦和喜忧　愿意与你分担所有
难免曾经跌倒和等候　要勇敢地抬头
谁愿藏躲在避风的港口　宁有波涛汹涌的自由
愿是你心中灯塔的守候　在迷雾中让你看透
阳光总在风雨后　乌云上有晴空
珍惜所有的感动　每一份希望在你手中
阳光总在风雨后　请相信有彩虹
风风雨雨都接受　我一直会在你的左右
阳光总在风雨后　乌云上有晴空
珍惜所有的感动　每一份希望在你手中
阳光总在风雨后　请相信有彩虹
风风雨雨都接受　我一直会在你的左右

心语心愿

祝愿每位同学能够认识到挫折对我们成长的积极意义,正确应对挫折,体验挫折带给我们的成长,勇敢地实现自己的梦想!

心路历程

主题四 人际关系辅导

还记得吗？最初赋予我们关爱的亲人和朋友，是用什么悄悄地打开我们的心扉？是无微不至的关爱，是失落时的一个拥抱，是无助时的一个眼神，是伤心时的一个微笑……

人的心灵其实是一个很奇怪的容器，里面装了恨，有时却会因一点点小事而感动得流下眼泪。拨动这根弦的，是关爱、友善和体贴！孤寂的人生旅途开始出现绚烂的色彩，心与心之间也架起了桥梁，想要到达桥的彼岸，唯有爱！交往，是一种心灵的沟通，是一种灵魂的慰藉，彼此相知相熟，没有付出与回报的计较，可以受用一生。

第一课 沟通，从心开始
——同伴关系辅导

心海导航

作为学生，你们的人际关系，包括同伴关系、亲子关系、师生关系等等。其中，同伴关系是同学们人际交往的主体，也是同学们之后能否适应社会生活和顺利成长的关键。

同学们正处于中职阶段，此时的你们刚刚脱离以前简单的校园环境，转到中职相对复杂而多变的人际交往状态。在此过程中，可能由于环境不适应，容易引发同伴交往不适应，进而影响自己的生活、学习。良好的同伴关系有助于同学们的身心健康，对同学们的学习与生活也起着一定的促进作用，同时还影响着同学们今后的发展。通过本堂心理辅导课的参与和体验，同学们将自主地培养自身的交往意识，主动地训练交往技巧，进一步掌握并运用与同伴交往的技巧与原则，形成主动友善地与同伴交往的意识。

心海扬帆

学习目标

【知识与技能目标】理解真诚与沟通在同伴交往中的重要性，掌握同伴交往的技巧。

【过程与方法目标】总结领悟出与同伴交往的方法，并在实际中运用。

【情感、态度与价值观目标】体验到真诚沟通带来的愉悦感，积极主动地与同伴交往，树立正确的友谊观。

学习重点

引导学生体验真诚沟通带来的愉悦感，真诚、主动地与同伴交流，树立正确的友谊观。

学习难点

积极主动地参与课堂活动，自主探讨、总结与同伴交往的技巧，并能运用于实际交往情境中。

学习方式

游戏体验、视频启发、探讨分享、互动交流、朗诵感受。

心海起航

全班同学分六排坐好，每人一张黄色卡纸、一支黑色水笔。

心海泛舟

一、暖身活动:Copy 不走样

同学们一起来做一个游戏。每排的最后一位同学打开信封,每个信封里装有一个字,大家通过将字写在前一位的背上来传递字。(每排最后一位学生拆开信封,查看里面的字,依次向前传递)请每排第一位同学把字写到黑板上,每组分别对应一颗星。(各排第一位同学按次序上来填写)全班齐读黑板上的字。

这就是今天这堂课的主题:

二、案例探究:三个好朋友

每个人都不是孤立的,都需要和他人交往,下面同学们一起来欣赏一个短片,(内容见网址:http://wenku.baidu.com/link?url=7RqQEukuWLobPMaTxCPaH0JB0Fq9N0HCkv0tLe9fyGKc3VL0wNcBtj1d5EiYKtdTwRA_x-f_QaM4u1zK14yhsxPy_mn9yjWF6-HBmiTEDNom)看看发生在我们身边的故事……

下面请同学们讨论这个短剧带给我们哪些启发?

____

____

三、小组讨论:我的一次同伴交往经历

1. 请同学们来说一说你在同伴交往中,由于没有很好地沟通而引起不愉快的事情。

____

2. 当时的你是怎么想、怎么做的？结果怎样？

____

____

3. 你（或同伴）认为怎样做可能会更妥当些？

____

____

通过分享自己的亲身经历，认识到了同伴之间要彼此尊重、坦诚信任、互相帮助、团结友爱，并且要主动地与同伴交往，真诚地关心同伴、接纳并包容对方。

四、真情互动：我想对你说

同学们在一起学习与生活将近一年了，你们之间一定发生了许多难忘的事。或许你得到过同学的帮助，想表达你的感激之情；或许你与同学发生过争执，想表达你的歉意……

1. 下面请每位同学拿几张黄色卡纸，在上面写下对你向某位同学说的心里话（可以表达你的祝福、关心、感谢、赞美，也可以表达你的歉意、善意的提醒，等等）。

同学甲：____

____

同学乙：____

____

同学丙：____

____

2. 大家可以离开座位，把纸条亲手送给同学。

3. 请同学们分享自己收到的纸条，谈谈此时此刻你内心的感受和体验。

____

____

五、分享时刻：《朋友》

1. 这堂课带给你的收获和感受有哪些？

____

____

这堂课中，同学们认识到了真诚与沟通的重要性，懂得了同伴之间要彼此尊重、坦诚信任、互相帮助、团结友爱，更要主动地与同伴交往，真诚地关心同伴，接纳对方。自我领悟并掌握了一些与同伴交往的技巧，同时还进行了互动交流、沟通分享，感受到了彼此的真诚，体验到了真诚沟通带来的愉悦感，体会到了朋友之间的那份温暖。下面一起来分享一首诗歌，并有感情地来朗读。(具体内容见网址:http://wenku.baidu.com/link? url=7RqQEukuWLobPMaTxCPaH0JB0Fq9N0HCkv0tLe9fyGKc3VL0wNcBtj1d5EiYKtdTwRA_x-f_QaM4u1zK14yhsxPy_mn9yjWF6HBmiTEDNom)

朋友

朋友是春寒料峭中的新绿,
给我带来生机和活力;
朋友是酷夏的清凉茶,
给我开启一份清凉与快乐;
朋友是秋风瑟瑟中的披风,
为我送来默默地守护与关怀;
朋友是冬雪迷漫时的暖阳,
给我浸入温暖和希望。
朋友,
你是我四季中的调剂,
生命旅途中的圣者。
因为有你,
我能笑着面对生活;
因为有你,
我能跃过沟壑,走向光明。
朋友,爱的朋友!
你已纳入我的生活,
融入我的生命!

2. 这首诗让你感受到了什么?

____

____

____

心语心愿

祝愿每位同学能够用真诚架起沟通的桥梁,每位同学都能够拥有更多的真心朋友,让我们的友谊之花常开不败!

心路历程

第二课　让爱住我家
——亲子关系辅导

心海导航

伴随着青春期的到来，同学们的自我意识逐渐增强，独立性随之加强，逆反思想也随之加重，对父母的教育方式也有了自己的理解与评价，但是心理的不成熟导致同学们看问题有失偏颇，从而引发了同学们与父母交往过程中的许多问题和冲突，长此以往，会导致同学们与父母之间的矛盾更为尖锐，若处理不当，会引起一系列不良后果。

在中职学习时期能否正确处理自己与父母之间的关系对同学们的身心发展起着重要的影响。通过本堂心理辅导课的参与和体验，同学们将正确理解父母，怀着一颗感恩的心真诚地体会父母的爱。针对同学们在与父母交流时遇到的矛盾与冲突，本课分析了亲子之间产生冲突的原因，让同学们全面、正确地掌握亲子沟通的技巧，改善与父母沟通的方法，学会化解自己在亲子交往中的烦恼，与父母和谐融洽地相处。

心海扬帆

学习目标

【知识与技能目标】正确认识亲子沟通的重要性，了解日常生活中亲子沟通上的不足之处及产生的原因，能初步掌握与父母沟通的技能。

【过程与方法目标】总结领悟出亲子沟通的方法，并能够运用这些方法解决实际问题。

【情感、态度与价值观目标】感受父母的爱，体会父母的艰辛，在生活中向父母表达自己的感激和关爱之情，养成尊敬父母的品质。

学习重点

感受父母的爱，体会父母的艰辛，在生活中向父母表达自己的感激和关爱之情，养成尊敬父母的品质。

学习难点

领悟出亲子沟通的方法，并能够运用这些方法解决实际问题。

学习方式

视频案例分析、讨论交流、探讨分享、情景表演。

心海起航

排好座位并选好组长。

心海泛舟

一、案例分析:《我要回家》

观看视频短片《我要回家》(具体视频见《学校心理健康教育教程》第三部分心理活动剧《我要回家》),思考:

1. 短片中你看到了什么?

____

____

____

____

2. 看了短片,你有哪些感受和启发?

____

____

____

____

二、班级论坛:越过鸿沟

1. 以小组为单位,分享自己与父母之间的沟通情况,根据自己的实际情况,可以介绍自己与父母成功沟通的技巧,也可以说说自己与父母因沟通不良而导致的冲突,并进一步分析原因,说说自己是如何化解矛盾的,也可以请同学帮忙想办法解决。

____

____

____

2. 总结与父母沟通的技巧。

____

____

____

三、情景舞台:亲子沟通

阅读下列情景,思考接下来会发生什么呢?每个小组设计一个结局,把它迅速排成3—5分钟的短剧上台表演。

晚回家后……

小强下午去朋友家玩，回来的路上遇到了大雨，而且交通堵塞，又没有电话可以和家人联系，所以回到家的时间比平时晚了一个半小时。设身处地想想在这一个半小时里，小强的家人处在一个什么样的状态，这时敲门声响起了，小强回来了……（具体内容详见网页：http://chenpeipei324.blog.163.com/blog/static/8857740820091026104943848/）

四、分享时刻：《让爱住我家》

1. 这堂课带给你的收获和感受有哪些？

2.让我们一起来欣赏歌曲《让爱住我家》的歌词,并一起合唱。

我爱我的家　弟弟爸爸妈妈
爱是不吵架　常常陪我玩耍
我爱我的家　儿子女儿我的他
爱就是忍耐　家庭所有繁杂
我爱我的家　儿子女儿我亲爱的她
爱就是付出　让家不缺乏
让爱天天住你家　让爱天天住我家
不分日夜　秋冬春夏
全心全意　爱我们的家
让爱天天住你家　让爱天天住我家
充满快乐　拥有平安
让爱永远住我们的家
我爱我的家　弟弟爸爸妈妈
爱是不嫉妒　弟弟有啥我有啥
我爱我的家　儿子女儿我的他
爱就是感谢　不记任何代价
我爱我的家　儿子女儿我亲爱的她
爱就是珍惜　时光和年华
让爱天天住你家　让爱天天住我家
不分日夜　秋冬春夏
全心全意　爱我们的家
让爱天天住你家　让爱天天住我家
充满快乐　拥有平安
让爱永远住我们的家
让爱永远住我们的家

心语心愿

祝愿每位同学都能够与家人真心交流、真诚沟通,彼此关爱,拥有一个幸福和美的家庭!

心路历程

第三课　走进彼此心间
——师生关系辅导

心海导航

中职生对待教师的态度应该理性化，但现实中容易存在偏激、极端化的倾向。同学们开始理性地、客观地评价教师，但同时由于思维片面性和表面性的特点，对待很多问题都不能客观、全面、辩证地进行分析。在心理上，同学们对于自己不喜欢的老师，一般会持拒绝态度。而同学们独特的心理特点及自我意识的高涨，会产生强烈的独立意识和反抗意识，容易对老师产生不满，师生交往中的冲突和矛盾便会增多。

研究表明，师生关系对学生的学习生活品质有显著的影响。良好的师生关系可以创造生动活泼的课堂气氛，提高学生听课效率，增强学习效果。良好的师生关系还可以增强同学们的信心和勇气，能较顺利地把老师的要求变为自己的行动，得到心理满足，从而最大限度地发挥自己的潜在智能。因此，建立良好的师生关系，学习和掌握正确的沟通技巧显得尤为重要。通过本堂心理辅导课的参与和体验，同学们将理解老师，学会与老师交流的方法与技巧，在与老师交往中尊重老师，体验师生交往的快乐。

心海扬帆

学习目标

【知识与技能目标】理解老师，掌握师生交往的技巧。

【过程与方法目标】总结、领悟师生交往的方法，并能够运用这些方法解决实际问题。

【情感、态度与价值观目标】体验到师生交往的快乐，尊重老师，形成正确的师生观。

学习重点

建立良好的师生关系。

学习难点

掌握师生交往的方法，并能够运用这些方法解决实际问题。

学习方式

案例分析、讨论交流、探讨分享、情景表演。

心海起航

排练好小品《一场莫名的冲突》。

心海泛舟

一、案例分析:《冲突》

阅读情景剧《冲突》后,思考下面的问题。

场景1:语文课上,同学们认真地听老师讲课,唯有沈莉莉(化名)塞着耳塞,一边用手机看电视剧,一边吃着蛋糕。

语文老师李老师走下去,大声呵斥道:"沈莉莉,你在干什么!"

莉莉漫不经心地瞟了李老师一眼,继续做她自己的事情。

李老师生气地说:"下课到我办公室来!"

场景2:铃——下课铃响了,李老师在办公室里批评莉莉,莉莉委屈地哭了,这时正好学校的心理老师经过,看到了这一幕。

场景3:事后心理老师把莉莉请到了知心屋。

心理老师问:"莉莉,你怎么了?"

莉莉:"我上课塞着耳塞,一边用手机看电视剧,一边吃着蛋糕。"

心理老师:"喔,发生了什么,你要这样做?"

莉莉:"我觉得李老师太不公平了,上次语文考试,我和同桌有道题答案差不多,可是我同桌拿了满分,却给我扣了一半的分数,真是太过分了,怎么可以这么偏心!"

心理老师:"喔,原来是这样!"

莉莉马上接着说:"还有呢,有一次我'不计前嫌',特意去问她问题,想和她缓和一下关系,可是她却不领情,居然跟我说了声'老师有事',捧着书就跑出了办公室,太气人了!"

……

1. 分析一下这个情景剧,你怎么看待莉莉和李老师之间的冲突?

____

____

____

2. 如果你遇到了这样的事情,你会怎么办?

____

____

____

____

让我们来看看这是怎么一回事?

场景4：心理老师找到了李老师，和她进行了真诚的沟通。

心理老师："李老师，那天看到你和莉莉的事，后来我跟莉莉聊了一下，我想莉莉和你之间是不是有什么误会？"

李老师："哦，怎么回事？"

心理老师："听莉莉说，上次语文考试有道题她答得和她同桌差不多，可是你给了她同桌满分，给莉莉却扣掉了一半的分数，所以她心里挺不服气的。"

李老师："哦，原来是这样啊！她们的答案是差不多，可是有些关键点莉莉却没有答出来，所以会扣掉一些分。"

心理老师："喔，还有她来问你题目，你却说有事，拿着书本走出了办公室，所以她觉得挺受伤的。"

李老师："嗨，那我是赶着去上课呢！"

3. 假如你是莉莉，你准备怎么跟你的老师说？

---

4. 假如你是老师，对莉莉的表现，有什么感觉？你希望她怎么跟你说这件事？

二、班级论坛：营造和谐的师生关系

小组讨论以下几个问题：

1. 我与老师之间发生的一件自己印象最深刻的一件事。

---

2. 我们该如何与老师相处？

三、情景舞台：走进彼此心间

1. 阅读下列情景，思考接下来会发生什么呢？把它迅速排成短剧上台表演。（http://wenku.baidu.com/link?url=7RqQEukuWLobPMaTxCPaH0JB0Fq9N0HCkv0tLe9fyGKc3VL0wNcBtj1d5EiYKtdTG2lR2dPvpeOwRLdAkOhOs7LTsIQ2i2J86VVuSCajlXi）

Set 1 考试没有考好，希望老师给你帮助，又怕被老师责骂。你打算……

Set 2 最近学习一直不太顺利，觉得老师一定不喜欢自己了，走在路上却看见老师迎面走来，你会……

Set 3 课堂上，明明你还没有想好解题思路，而老师又偏偏让你在黑板上解题，害你在同学面前丢尽脸面，你会……

Set 4 上课的时候，老师把一个很简单的题目说错了，你刚好知道答案，你会……

Set 5 最近天气变化剧烈，老师来上课的时候你发现他得了重感冒，你会……

2.分析情景剧带给你的体验和感受?

四、分享时刻:《老师的启示》

1.这堂课带给你的收获和感受有哪些?

2.让我们一起来分享一个故事《老师的启示》。(具体内容见网址:http://www.jxteacher.com/jjsf/column44/df4a0c8d-c9d6-4a21-bce1-fb4b5c7f3244.html)

许多年前,汤姆逊老师对着她五年级的学生撒了一个谎,说她会平等地爱每一个孩子。但这是不可能的,因为前排坐着泰迪·史塔特——一个邋遢而且上课不专心的小男孩。事实上,汤姆逊老师很喜欢用粗红笔在泰迪的考卷上画一个大大的叉,然后在最上面写上“不及格”!

一天,汤姆逊老师查看每个学生以前的学习记录表,她惊人地发现,泰迪之前的老师给的评语十分惊人。

一年级老师写道:“泰迪是个聪明的孩子,永远面带笑容,他的作业很整洁,很有礼貌,他让周围的人很快乐!”

二年级老师说:“泰迪很优秀,很受同学欢迎。但他的母亲罹患了绝症,他很担心,家里生活一定不好过!”

三年级老师说:“母亲过世,泰迪一定很难过,他努力表现但父亲总不在意。若再没有改善,家庭生活将严重打击泰迪。”

四年级老师说:“泰迪开始退步,对作业不感兴趣,没有什么朋友,有时在课堂上睡觉。”

直到此刻,汤姆逊老师才了解泰迪的困难,并为自己从前对泰迪的态度深感羞愧。而当她收到泰迪的圣诞礼物(别人的礼物用丝带及包装纸装饰得漂漂亮亮,泰迪的礼物却是用杂货店的牛皮纸捆起来),汤姆逊老师更觉得难过。

汤姆逊老师忍着心酸,当着全班的面拆开泰迪的礼物。有的孩子开始嘲笑泰迪送的圣诞礼物——一条假钻石手链,上面还缺了几颗宝石,另外是一瓶只剩四分之一的香水。但是汤姆逊老师不但惊呼漂亮,还戴上手链,并喷了一些香水在手腕上,其他小朋友全愣住了。

放学后,泰迪留下来对汤姆逊老师说:“老师,你今天闻起来好像我妈妈!”泰迪离开后,汤姆逊老师整整哭了一个小时。

从那天起，汤姆逊老师开始特别关注泰迪。而泰迪的心似乎重新活了过来，汤姆逊老师越鼓励泰迪，泰迪的反应越快。到了学年尾声，泰迪已经成为班上最聪明的孩子之一。虽然汤姆逊老师说过她会平等地爱每一个孩子，但泰迪却是她最喜欢的学生。

一年后，汤姆逊老师在门口发现一张纸条，是泰迪写来的，上面说汤姆逊老师是他一生遇到的最棒的老师！

六年过去了，汤姆逊老师又发现另一张泰迪写的纸条，泰迪已经高中毕业，成绩全班第三名，而汤姆逊老师仍然是他一生遇到的最棒的老师！

四年后，汤姆逊老师又收到一封信，泰迪说有时候大学生活并不顺利，但他仍坚持下去，而不久的将来他将获得荣誉学位！他再一次告诉汤姆逊老师，她仍然是他一辈子遇到的最棒的老师！

又四年过去，又来了一封信。信里面泰迪告诉汤姆逊老师，他大学毕业后决定继续攻读更高学位，他也不忘再说一次，汤姆逊老师还是他一生遇到的最棒的老师，而这封信的结尾多了几个字："泰迪·史塔特博士"。

故事还没结束呢！你瞧，这年春天又来了一封信，泰迪说他遇到生命中的女孩，马上要结婚了。泰迪解释说，他的父亲几年前过世了，他希望汤姆逊老师可以参加他的婚礼并坐上属于新郎的"母亲"的位置。汤姆逊老师完成了泰迪的心愿。但你知道吗？汤姆逊老师竟然戴着当年泰迪送的钻石手链，还喷了同一瓶香水——泰迪母亲过世后的最后一个圣诞节用过的香水。

他们相互拥抱，史塔特博士悄悄在耳边告诉汤姆逊老师："汤姆逊老师，谢谢你相信我，谢谢你让我觉得自己很重要，让我相信我有能力去改变！"

汤姆逊老师热泪满盈地告诉泰迪："泰迪，你错了，是你教导我，让我相信我有能力去改变，直到遇见你，我才知道怎么教书！"

心语心愿

希望每位同学都能够尊重老师，关心老师，在老师的关爱与帮助下健康快乐地成长！

心路历程

主题五 青春期教育

什么时候开始，你不再和小时候一样，回到家和妈妈的话也变少了，不想把学校发生的事情告诉她了，一有事情第一时间就想起了自己的好朋友，你和朋友之间开始有一些小秘密了，你们之间的亲密度要高于对家长的了，并且独自开始学习一个人处理事情了。

青春是幸福的，它带领你尝尽美好的友谊；青春也是苦涩的，它让你走过一个又一个磨难，在美好的同时又磨炼自己。此时，你需要做的便是调整好对学习的心态、对友谊的态度、对家长和老师的距离。

“一年之计在于春，一天之计在于晨”，人的一生中，最美的便是青春期了。此时，你拥有花一样绽放的年纪，渐渐地从懵懂无知走向成熟，褪去稚嫩的面容，即将迎接崭新的自我。

第一课 成长的快乐
——青少年身心发展辅导[1]

心海导航

青春期(青春发育期)是个体从生长突增开始到生长基本结束的时期。这是一个蓬勃发展、充满生机和种种心理矛盾的时期，是一个需要认真对待、特别关注和正确引导的时期。在这一时期，同学们能够充分发展自身的创造力和潜能，形成正确的人生观、世界观，成为一个有理想、有追求、有抱负的人。

中职生正处于生长发育的关键时期，所以必须正确认识青春期，了解自身的一些身心发展情况。通过本堂心理辅导课的参与和体验，同学们将了解青春期生理和心理方面的一些知识，正确处理自身在青春期阶段遇到的问题，体验成长的快乐，形成正确的、健康的、积极的青春期心理倾向，从而促进自身生理与心理的健康发展。

心海扬帆

学习目标

【知识与技能目标】知道青春期生理、心理变化特点，正确认识青春期带来的各种生理、心理影响。

【过程与方法目标】正确看待青春期生理、心理的变化特点，有效地调节自身的心理需要，正确处理自身在青春期阶段遇到的问题。

【情感、态度与价值观目标】体验成长的快乐，形成正确的、健康的、积极的青春期心理倾向。

学习重点

体会到成长的快乐，形成正确的青春期心理倾向。

学习难点

正确处理自身在青春期阶段遇到的问题，掌握一些问题的调节和解决方法，并在生活中运用。

学习方式

游戏体验、理论学习、讨论交流、探讨分享。

心海起航

取得4—6张班里同学童年时代照片。

---

① 见光碟:《放飞心灵——青少年心理健康》。

心海泛舟

一、暖身活动：猜猜他/她是谁

辨认班里同学童年时代的照片，请同学们猜是哪位同学，同时思考几个问题。

1. 本人与照片相比，有变化吗？

____

____

2. 变化有哪些共同点？

____

____

3. 为什么同学们会有这些变化？

____

____

4. 什么是青春期？

____

____

____

二、合作探究：青春期身心发展特点

1. 青春期生理发育。

在青春期，同学们在生理上究竟有哪些变化呢？这里有一些卡片，描述了青春期的一些生理变化，请同学们将这些卡片分类，属于女生特点的贴在左边，属于男生特点的贴在右边，属于男女生共同特点的贴在下面。

卡片内容：

A. 身高的增长、体重的增加、骨骼与肌肉的发育、性意识的出现与发展
B. 喉结突起
C. 声音变粗
D. 长胡须，阴毛、腋毛先后出现
E. 乳房隆起
F. 骨盆变宽，臀部变大
G. 皮下脂肪增厚
H. 阴毛、腋毛先后出现
I. 体内机能的健全
J. 月经初潮
K. 遗精

女 男

2. 青春期心理发展阶段。(具体内容见网址:http://wenku.baidu.com/link? url=c8h_EgDBTDozrAHh51vGj06PNOXz8jFWAZ0ZHAtHXiHXh1jsiAN-sRAwRNFF6cgaeac6DMSQb4N4wiuttWs11WcbUhfuWkRGncqVAi4cX4a)

朦胧地意识到两性的差别,开始有不安与羞涩心理,无论在生理还是心理上都划了一条无形而分明的界限,对异性暂时疏远。

关注自身和异性的变化,对异性的关注往往外化为喜欢在异性面前表现自己。男女间的好感非专一或排他。

异性疏远期 → 异性接近期

青春期心理发展阶段

↓

择偶尝试期 ← 异性眷恋期

对异性的爱慕追求更趋专一化,并突破自我封闭和羞于袒露秘密的心理,带有一定择偶的选择性、转移性和排他性。

逐渐由对群体异性的好感转向对个别异性的依恋,一般内心蕴藏强烈的眷恋而又不敢公开表露,较为冷静理智。

三、班级论坛:我心目中的好男/女孩

1. 男女生分别回答问题。

女生回答:

我所欣赏的男生/女生类型是:

____

男生回答:

我不欣赏的男生/女生类型是:

____

2. 我们该如何在青春期健康快乐地成长?

____

四、分享时刻:《童年》

1. 这堂课带给你的收获和感受有哪些?

____

____

____

____

____

2. 我们一起来阅读歌曲《童年》的歌词,体会我们成长的快乐。

池塘边的榕树上　知了在声声叫着夏天
操场边的秋千上　只有蝴蝶停在上面
黑板上老师的粉笔　还在拼命叽叽喳喳写个不停
等待着下课　等待着放学　等待游戏的童年
福利社里面什么都有　就是口袋里没有半毛钱
诸葛四郎和魔鬼党　到底谁抢到那支宝剑
隔壁班的那个女孩　怎么还没经过我的窗前
嘴里的零食　手里的漫画　心里初恋的童年
总是要等到睡觉前　才知道功课只做了一点点
总是要等到考试以后　才知道该念的书还没有念
一寸光阴一寸金　老师说过寸金难买寸光阴
一天又一天　一年又一年　迷迷糊糊的童年
没有人知道为什么　太阳总下到山的那一边
没有人能够告诉我　山里面有没有住着神仙
多少平日记忆总是　一个人面对着天空发呆
就这么好奇　就这么幻想　这么孤单的童年
啦啦啦啦——啦—啦—啦—啦
阳光下蜻蜓飞过来　一片片绿油油的稻田
水彩蜡笔和万花筒　画不出天边那一条彩虹
什么时候才能像高年级的同学　有张成熟与长大的脸
盼望着假期　盼望着明天　盼望着长大的童年
oh 一天又一天　一年又一年　盼望长大的童年

心语心愿

祝愿每位同学都能够认识自己的青春，尽情享受美好的青春时代，体验到成长的快乐！

心路历程

第二课 因为等待，所以美丽
——青少年异性交往辅导

心海导航

如今的社会是开放的多元化社会，异性交往是人际交往中的重要组成部分，是客观存在的。回避正常的异性交往不仅会影响同学们健全人格的建立与发展，还会影响到同学们今后的成长。

中职生正处于与异性交往的崭新阶段，这段时期的异性交往比童年时期的异性“游戏”复杂得多，比任何年龄段的异性交往都难以驾驭。但是，难以驾驭不代表不能驾驭，只要能正确认识异性交往，并在交往中坚持一定的原则，就能提高异性交往能力，为以后的人际交往铺就一条宽敞的大道。通过本堂心理辅导课的参与和体验，同学们将掌握异性交往的原则与技巧，便能在实际生活中与异性进行适度的交往，建立正常的情感关系，树立正确的异性交往观。

心海扬帆

学习目标

【知识与技能目标】了解有关异性交往的一些知识，学会与异性进行适度的交往。

【过程与方法目标】总结、领悟出异性交往的原则与技巧，并在实际生活中运用，从而调适与异性间的交往关系。

【情感、态度与价值观目标】与异性建立正常的情感关系，互相尊重、互相关心、互相促进，树立正确的异性交往观。

学习重点

与异性互相尊重、互相关心、互相促进，树立正确的异性交往观。

学习难点

总结、领悟出异性交往的原则与技巧，并将其运用到实际生活中，从而调适与异性间的交往关系。

学习方式

游戏体验、讨论交流、探讨分享。

心海起航

气球。

心海泛舟

一、暖身活动：运气球

各个小组选出一名男生和女生，男女搭档，背靠背夹着气球行走，看哪个小组最快，分享游戏的感受与启发。

二、故事解读：刺猬的故事 & 大麦穗的故事

1. 刺猬的故事。

刺猬的故事

森林中有十几只刺猬冻得直发抖，为了取暖，它们只好紧紧地靠在一起，却因为忍受不了彼此的长刺，很快就各自跑开了。可是天气实在太冷了，它们又想要靠在一起取暖，然而靠在一起时的刺痛使它们不得不再度分开。就这样反反复复地分了又聚，聚了又分，不断在受冻和受刺两种痛苦中挣扎。最后，刺猬们终于找到办法，就是靠在一起的距离保持适中，既能取暖又不会被彼此的长刺刺伤。（具体内容见网址：http://story.zgfj.cn/SHGS/QG/2011-07-20/14139.html）

(1)这个刺猬取暖的故事对我们有什么启发？

(2)男女同学交往中应注意些什么?

2.大麦穗的故事。

大麦穗的故事

古希腊哲学大师苏格拉底的三个弟子求教老师,问怎样才能找到理想的伴侣。苏格拉底没有直接回答,却让他们走麦田埂,选摘一只最大最漂亮的麦穗,只许前进,只有一次机会。

第一个弟子走几步看见一只又大又漂亮的麦穗,高兴地摘下。但他继续前进时,发现前面有许多比他摘的那只更大更好的麦穗,遗憾地走完全程。

第二个弟子吸取了教训,每当要摘的时候,总是提醒自己,后面还有更好的。当他快到终点时,才发现,机会全都错过。

第三个弟子,总结前两位的经验,他把麦田埂分成均等三份。前三分之一时,分出大中小三类;中间三分之一,验证是否正确;最后三分之一时,开始选择。也许他可能摘的不是最大最好的,但是他没有遗憾。(具体内容见网址:http://www.xuancheng.org/forum.php? mod=viewthread&tid=699353&ordertype=1)

这则故事给予我们什么启示?

三、班级论坛:异性交往的原则与技巧

以小组为单位,讨论男女生交往的原则与技巧及在实际情景中如何运用这些原则与技巧。

四、分享时刻:《友谊地久天长》

1. 这堂课带给你的收获和感受有哪些?

____

____

____

____

____

2. 我们一起来阅读歌曲《友谊地久天长》的歌词,并合唱。

怎能忘记旧日朋友　心中能不欢笑
旧日朋友岂能相忘　友谊地久天长
友谊地久天长
友谊万岁　朋友　友谊万岁
举杯痛饮　同声歌颂友谊地久天长
我们曾经终日游荡在故乡的青山上
我们也曾历尽苦辛到处奔波流浪
友谊万岁　朋友　友谊万岁
举杯痛饮　同声歌颂友谊地久天长
我们也曾终日逍遥荡桨在微波上
但如今却劳燕分飞　远隔大海重洋
让我们紧密挽着手　情谊永不相忘
让我们来举杯畅饮　友谊地久天长
友谊万岁　万岁朋友　友谊万岁
举杯痛饮同声歌颂友谊地久天长
我们往日情意相投　让我们紧握手
让我们来举杯畅饮　友谊地久天长
友谊万岁　万岁朋友　友谊万岁
举杯痛饮　同声歌颂友谊地久天长
友谊万岁　万岁朋友　友谊万岁
举杯痛饮同声歌颂友谊地久天长
友谊万岁　万岁朋友　友谊万岁
举杯痛饮　同声歌颂友谊地久天长

心语心愿

希望每位同学能够把握异性交往的原则，适度地进行交往，彼此尊重，互相促进，祝愿同学们之间的友谊天长地久！

心路历程

第三课　把好网络双刃剑
——青少年自律性辅导①

心海导航

随着社会的进步与发展，网络与我们越来越密切，它就像一把“双刃剑”，既提供了广阔的信息资源，促进人与人之间的交流，又带来了各种弊端，如网络使得人们处在虚拟世界中，道德意识被逐渐淡漠，一旦沉溺于网络，我们便开始渐渐地疏远亲友，社交面变窄，人际关系变冷漠。长时间地上网，使同学们作息混乱，不按时吃饭，睡眠时间大大减少，导致精神萎靡、身体素质下降，同时网络还可能使同学们的人格发生明显的改变，使他们变得自私、怯懦、自卑，失去朋友和家长的信任。

对于中职生来而言，网络也渗透到了你们生活中的各个方面，并且影响着你们的生活方式和思维方式。在这一时期，引导学生如何面对网络和正确使用网络非常必要。通过本堂心理辅导课的参与和体验，将正确认识网络的利弊，合理使用网络，有效地利用网络资源，自觉规避网络带来的危害，体验正确、合理上网给自己带来的快乐，树立良好的自律意识。

心海扬帆

学习目标

【知识与技能目标】了解网络可以带给同学们哪些便利，也可能会给同学们带来哪些弊端。

【过程与方法目标】学会如何合理利用网络，合理安排上网时间，在自己的实际生活中有良好的上网行为。

【情感、态度与价值观目标】体验正确、合理上网给同学们带来的快乐，正确地看待网络，树立良好的自律意识。

学习重点

体验正确、合理上网带来的快乐，正确地看待网络，树立良好的自律意识。

学习难点

学会如何合理利用网络，合理安排上网时间，在自己的实际生活中树立良好的上网行为。

学习方式

案例分析、讨论交流、探讨分享、自我测试、规章学习。

---

①　见光碟：《放飞心灵——青少年心理健康》。

心海起航

每人一张网络成瘾程度量表、一支黑色水笔。

心海泛舟

一、对话互动:E网情深

1. 你平时上网吗?

____

____

2. 你上网一般做些什么?

____

____

3. 如果你生活中没有网络,将会发生什么事?

____

____

4. 家里人同意你上网吗? 理由是什么?

____

____

5. 网络给同学带来了哪些便利?

____

____

6. 根据你的经验,你觉得上网有哪些不利的影响?

____

____

7. 相比较而言,你认为网络“利大于弊”还是“弊大于利”,你的理由是什么?

____

____

二、案例探讨:网络双刃剑

1. 网络之利。

(1)观看视频短片,思考短片中的同学上网做些什么?

____

____

(2)你怎样评价她的上网行为？

(3)小组讨论，网络可以给同学们带来哪些便利？填入下框中。

2.网络之弊。

(1)观看视频短片后，思考短片中的同学上网做些什么？

(2)你怎样评价她的上网行为？

(3)小组讨论，网络可以给同学们带来哪些弊端？填入下框中。

三、班级论坛：用好网络

1. 阅读下面题目，根据自己过去三个月的情况，按“几乎不会”“偶尔”“有时候”“大多数”“总是”五种情况分别记录“1”“2”“3”“4”“5”。

1. 你会因为现实纷扰不安？
2. 有人打扰你上网，你会叫骂或感受到妨碍吗？
3. 你会因为上网而牺牲睡眠时间吗？
4. 上网时会常说“再上几分钟就好了”吗？
5. 你会因为上网费时间而遭到他人的抱怨吗？
6. 你会因为上网而产生学习或生活的困扰吗？
7. 你会不由自主地检查电子邮箱吗？
8. 当有人问你在网上做什么时，你会有所防备或隐藏吗？

把各题的得分加起来，8—19 分属于正常的上网行为，20—31 分属于有一些上网问题，32—40 分说明网络生活严重影响了你的学习与工作。

我的得分是________，属于____。

2. 分情况讨论：如何合理安排自己的上网时间？

自制力强的同学____

____。

自制力一般的同学____

____。

自制力差的同学____

____。

3. 我应如何安排自己的上网时间？

____

____

____

____

____

四、分享时刻

1. 这堂课带给你的收获和感受有哪些？

2. 在这堂课中，同学们对网络有了全新的认识，并且确立了正确的上网意识，下面我们一起来分享《全国青少年网络文明公约》。

《全国青少年网络文明公约》

要善于网上学习，不浏览不良信息

要诚实友好交流，不侮辱欺诈他人

要增强自护意识，不随意约会网友

要维护网络安全，不破坏网络秩序

要有益身心健康，不沉溺虚拟时空

心语心愿

祝愿每位同学都能够正确处理好网络的利弊关系，合理利用网络，享受网络带给我们的便利，从而快乐地学习和生活！

心路历程

主题六 生涯辅导

人的生命只有一次，不论你是穷人还是富人。有些人，虽然活的时间很短，但是他的行为深深地留在了后人的脑海里，就像雷锋叔叔，他虽然只活了短短的22年，但是他的品质永远都值得我们学习。

我们始终都要明确，自己活在这个缤纷的世界上为了什么，要有一个目标，有一个对未来的规划，在黑暗中，它就是指引你走向正确道路的灯塔，给你指引正确的方向，带领你往前走。平凡的人有着相同的平凡，而不平凡的人却有着属于自己的辉煌，你可以选择平凡，但不可以选择平庸，平庸的人注定碌碌无为。选择一条属于自己的、正确的道路前进，让自己的梦想实现。

第一课　奏响生命的乐章
——生命教育

心海导航

生命，是一个既沉重又意义非凡的话题。人的生命，也只有一次。在这短暂的生命历程中，交织着矛盾和痛苦，充满着求索和艰辛，遍布着荆棘和坎坷，这正如那不为人知的、寂寞生长的野草，只有异常沉重的付出，才能换来无比丰硕的甜美。渺小与伟大、挫折与幸运……只有珍爱生命，把握自己，才能抛弃渺小、可悲、失意和挫折，拥抱伟大、丰富、重塑和幸运。要知道，生命是这样的可贵，就连小草也在不断挑战极限、完善自我。

中职生正处于从幼稚走向成熟的过渡阶段，在此时需要了解和体会生命的意义，实现自我生命的价值。通过本堂心理辅导课的参与和体验，同学们将体会生命的珍贵，体验生命的美好，在实际生命中有意义地去生活、学习与工作，奏响生命美丽的乐章。

心海扬帆

学习目标

【知识与技能目标】认识到生命的珍贵，理解生命的意义，学会珍惜自己的生命。

【过程与方法目标】领悟如何珍惜和爱护自己的生命，能够在实际生命中有意义地去生活、学习与工作。

【情感、态度与价值观目标】体验生命的美好，以积极乐观的态度对待自己的生命，实现自己个人价值与社会价值的统一。

学习重点

体验生命的美好，以积极乐观的态度对待自己的生命，实现自己的价值。

学习难点

领悟如何珍惜与爱护自己的生命，并在自己的一生中有意义地去生活、学习与工作。

学习方式

新闻阅读、视频欣赏、案例探讨、小组讨论、班级分享、动画欣赏。

心海起航

分好小组并选好组长。

心海泛舟

一、聚焦新闻

阅读下列三则新闻，回答问题。

2003 年，某大学大四一名学生将掺有硫酸的饮料泼向两只无辜的大黑熊 。

2010 年，由于同学打架而招致报复，某中学发生一起歹徒闯校园殴打学生事件，造成 15 名学生不同程度的受伤 。

2010 年，某学生从某大学的逸夫楼九楼跳下，结束了自己 21 岁的生命。

1. 上述现象反映了什么问题？

2. 为什么会出现这些现象？

二、案例探讨:《生命之歌》

观看短剧《生命之歌》(视频短片《生命之歌》见光盘《学校心理健康教育教程》第三部分心理活动剧中的《生命之歌》)，回答以下几个问题：

1.看了这则短剧,谈谈你的想法?

2.从短剧中你可以联想到有哪些问题值得我们探讨?

三、小组讨论:生命的意义

分小组讨论,谈谈你对生命的看法及如何看待我们的生命。

生命中不可或缺的九样事物[①]

① 具体内容详见网页:http://tieba.baidu.com/p/358012071。

浪漫
偶尔浪漫一下
那种感觉就像一只小鸟在空中翱翔吧？

优雅
为什么要装的粗鲁呢，优雅一点总是好的。

驰骋
假如真的累了
就变成一只蝴蝶逃开一会吧
不要让自己太累。

勇敢
做个勇敢的精灵，不怕狂风会撕烂
你的翅膀！

音乐
假如没有音乐，你的人生将会乏味无比。

可爱
我相信，你会因为可爱而美丽。

沉思
在你有一肚子火要发之前
先给自己10分钟沉思一会儿。

童心
无论你有多老，你的心不能变老。

四、分享时刻：生命的列车

1. 这堂课带给你的收获和感受有哪些？

____

____

____

____

2. 下面我们一起分享《生命的列车》(具体内容见网址：http://www.baidu.com/s?wd=生命的列车原文&rsv_spt=1&issp=1&rsv_bp=0&ie=utf-8&tn=baiduhome_pg&rsv_sug3=19&rsv_sug4=3167&rsv_sug1=19&oq=生命的列车&rsv_sug2=1&f=3&rsp=1&inputT=7888)

人生一世，就好比是一次搭车旅行，要经历无数次上车、下车，时常有事故发生。有时是意外惊喜，有时却是刻骨铭心的悲伤……

降生人世，我们就坐上了生命列车。我们以为我们最先见到的那2个人——我们的父母，会在人生旅途中一直陪伴着我们。

很遗憾，事实并非如此。他们会在某个车站下车，留下我们，孤独无助。他们的爱、他们的情、他们不可替代的陪伴，再也无从寻找。

尽管如此，还会有其他人上车。他们当中的一些人将对我们有着特殊的意义。他们之中有我们的兄弟姐妹，有我们的亲朋好友。我们还将会体验千古不朽的爱情故事。

坐同一班车的人当中，有的轻松旅行；有的却带着深深的悲哀……还有的，在列车上四处奔忙，随时准备帮助有需要的人……很多人下车后，其他旅客对他们的回忆历久弥新……但是，也有一些人，当他们离开座位时，却没有人察觉。

有时候，对你来说，情深义重的旅伴却坐到了另一节车厢。你只得远离他，继续你的旅程。当然，在旅途中，你也可以摇摇晃晃地穿过自己的车厢，去别的车厢找他……可惜，你再也无法坐在他身旁，因为这个位置已经让别人给占了……

没关系。旅途充满挑战、梦想、希望、离别……就是不能回头。因此，尽量使旅途愉快吧！

善待旅途中遇见的所有旅客，找出人们身上的闪光点。永远记住，在某一段旅程中，有人会犹豫彷徨，因为我们自己也会犹豫彷徨。我们要理解他人，因为我们需要他人的理解。

生命之谜就是：我们在什么地方下车？坐在身旁的伴侣在什么地方下车？我们的朋友在什么地方下车？我们无从知晓……

我时常这样想：到我该下车的时候，我会留恋吗？我想我还是会的。和我的朋友分离，我会痛苦。让我的孩子孤独地前行，我会悲伤。

我执着地希望在我们大家都要到达的那个终点站，我们还会相聚……

我的孩子们上车时没有什么行李，如果我能在他们的行囊中留下美好的回忆，我会感到幸福。我下车后，和我同行的旅客都还能记得我，想念我，我将感到快慰。

献给你，我生命列车上的同行者，祝你旅途愉快！

心语心愿

每个人的生命都只有一次，希望每位同学能够珍惜生命，爱护生命，享受生命，奏响自己的生命乐章！

心路历程

第二课　我的未来不是梦
——生涯规划辅导

心海导航

我们每一个人都向往美好、辉煌的人生。在个人发展历程中，随年龄的增长而扮演不同的角色，各种角色之间是相互作用的，一个角色的成功，特别是早期角色的成功，将会为其他角色提供良好的基础；反之，某一个角色的失败，也可能导致另一个角色的失败。著名职业生涯规划大师舒伯(Donald E. Super)依照年龄将每个人生阶段与职业发展配合，将生涯发展阶段划分为成长、探索、建立、保持和衰退 5 个阶段之后，他更是提出一个更为广阔的新观念——生涯发展观。

中职阶段是人生的一个转折点，在这一时期同学们应当有意识地认识"我"与社会的关系，规划自己的人生路途，并为实现自己的人生理想而努力，这是非常必要的，也是非常重要的。通过本堂心理辅导课的参与和体验，同学们将对自己的一生有自主的意识与责任，并尝试运用所学的知识与技能规划自己的未来。

心海扬帆

学习目标

【知识与技能目标】了解自己一生可能扮演哪些人生角色，明确自己成长各个阶段的主要角色和目标。

【过程与方法目标】对自己的生涯有初步规划，并构思如何实现及根据实际情况做适当调整。

【情感、态度与价值观目标】提升生涯自主意识与责任，对人生有积极的态度，树立正确的价值观、人生观。

学习重点

规划自己的生涯，明确自己成长各个阶段的主要角色和目标，提升自我人生的质量。

学习难点

如何根据实际情况进行自我调适，再将自己的生涯规划付诸行动，实现自己美满的人生。

学习方式

动画欣赏、绘制体验、小组讨论、班级分享。

心海起航

分好小组并选好组长，每人一张生涯彩虹图、一支黑色水笔。

心海泛舟

一、动画欣赏:《人的一生》

观看动画短片《人的一生》(具体动画见网址:http://f.hd.baofeng.com/video/110/video-37-486610.html? fid=1340#)思考:

1.动画播放的内容是什么?

____

____

____

____

2.动画让你有什么启发?

____

____

____

____

3.动画中的主人公一生依次经历了哪些角色?填入下框中。

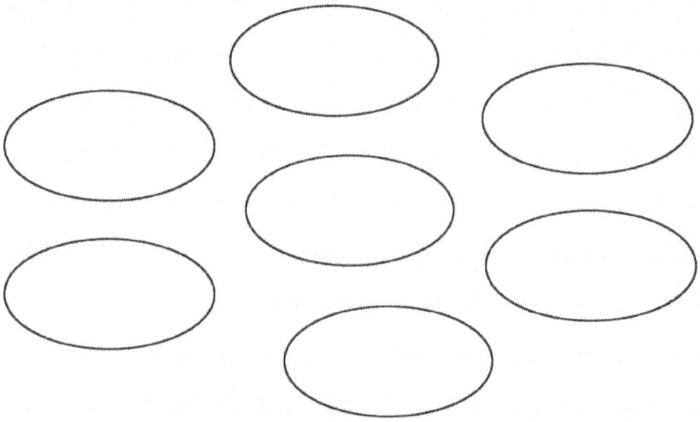

二、自我探索：我的人生角色

1. 同学们的一生可能扮演哪些角色呢？请在表格 6-1 的角色一栏中依次填写。
2. 请给你已经经历过的角色打“√”。
3. 思考一下，哪些角色不会因为岁月的成长而改变，请画上“★”。
4. 按照这些角色在自己生命旅程中的重要程度，给这些角色排序，标上序号。

表 6-1　人生角色

序号	角色	打“√”	画“★”

三、探寻人生：生涯彩虹图①

同学们的一生扮演的这些角色在你们的一生中占据什么位置呢，下面一起来填写这张生涯彩虹图。

说明：图中从左到右表示一个人从出生到 80 岁左右的生命时间，请你在每个圈里填上你所扮演的角色，要按照角色出现的先后次序从里到外填写。填好后用直线标出每个角色经历的时间段。

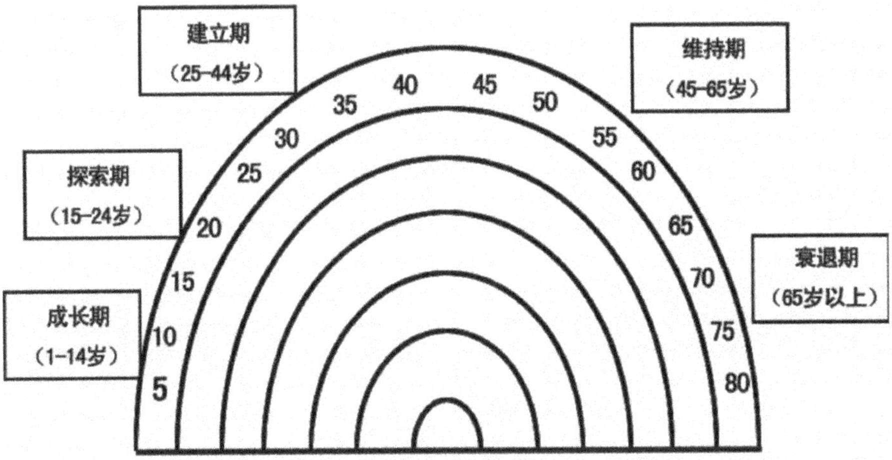

① 生涯彩虹图由职业生涯规划大师舒伯(Donald E. Super.)所著，具体内容见浙江省教育厅职成教教研室：《心灵花园》，浙江大学出版社 2009 年版，第 152 页。

思考：1. 我在不同阶段的主要角色和人生目标是什么？

成长阶段（0—14 岁）：____

____

____。

探索阶段（15—24 岁）：____

____

____。

建立阶段（30 岁左右）：____

____

____。

维持阶段（50 岁左右）：____

____

____。

衰退阶段（65 岁以上）：____

____

____。

2. 每个角色何时出现，何时停止，最重要的时期出现在哪个阶段？

角　色	出　现	终　止	最重要的时期
子　女			
学　生			
休闲者			
公　民			
工作者			
持家者			

3. 目前这段时间有没有太繁忙或过于空闲，要不要做些调整？

____

____

____

____

____

四、分享时刻:《最初的梦想》

1.这堂课带给你的收获和感受有哪些?

2.这堂课中,同学们了解了自己在人生各个阶段所扮演的人生角色,明确了自己成长各个阶段的主要角色和目标。下面,我们一起边阅读歌曲《最初的梦想》的一段歌词,共同感受我们的美好人生。

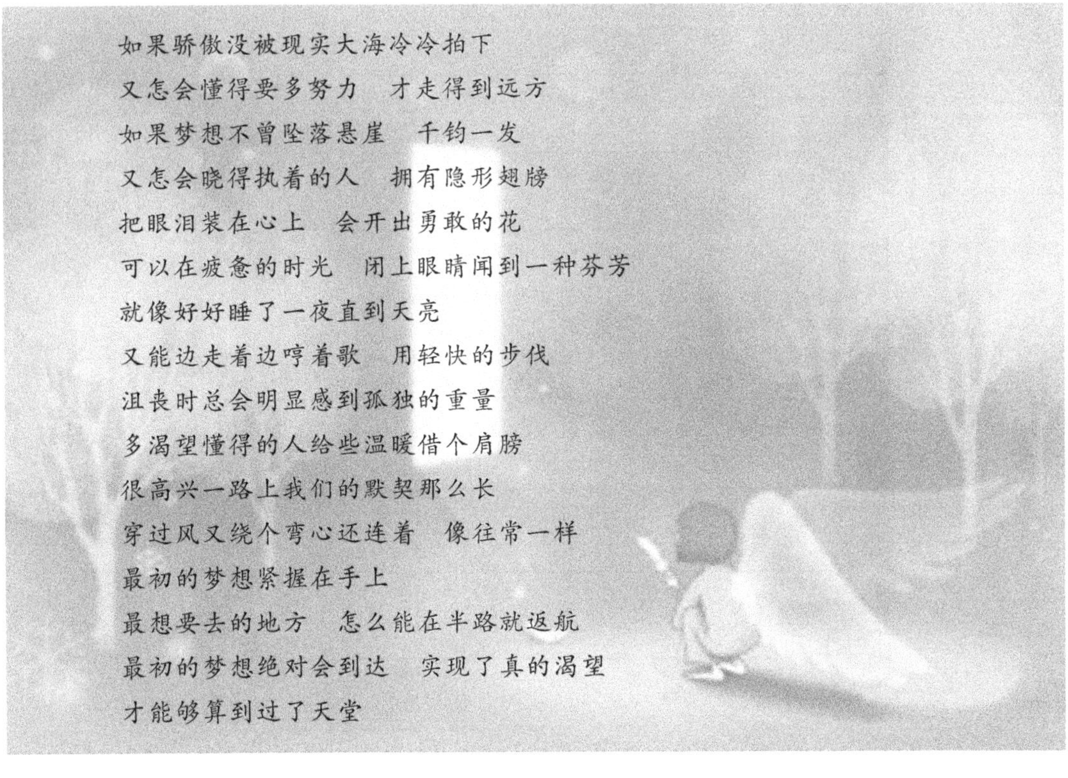

如果骄傲没被现实大海冷冷拍下
又怎会懂得要多努力　才走得到远方
如果梦想不曾坠落悬崖　千钧一发
又怎会晓得执着的人　拥有隐形翅膀
把眼泪装在心上　会开出勇敢的花
可以在疲惫的时光　闭上眼睛闻到一种芬芳
就像好好睡了一夜直到天亮
又能边走着边哼着歌　用轻快的步伐
沮丧时总会明显感到孤独的重量
多渴望懂得的人给些温暖借个肩膀
很高兴一路上我们的默契那么长
穿过风又绕个弯心还连着　像往常一样
最初的梦想紧握在手上
最想要去的地方　怎么能在半路就返航
最初的梦想绝对会到达　实现了真的渴望
才能够算到过了天堂

心语心愿

我们的生命每一刻都是一个全新的开始，祝愿每位同学都能够充实地过好人生的每一个阶段，体验到人生的美好！

心路历程

第三课 人生长·宽·高·厚
——价值观辅导[1][2]

心海导航

每个人的生命长度都是有限的，而不同的人，他们的人生形状各不相同，其生命质量与人生价值不尽相同。如何来拓宽我们的人生，提升生命的高度，增加生命的厚度，值得我们每个人去思考。

在中职阶段，同学们的自我意识高度发展，开始较多地思考人生和未来，但由于该阶段价值观的不稳定性，在面临重大选择和判断时，内心常常体验到冲突和压力。在这一阶段，同学们应有意识地思考如何过好人生的每一阶段，完成社会化的任务，学会用内心信念的力量来进行价值的选择及接纳生命中各式各样的事件，才能有利于高中生心智的成熟发展。通过本堂心理辅导课的参与和体验，同学们将感受到生命中的幸福，对自己的人生进行全面的思索，以积极乐观的心态来拓展人生的各个维度，树立正确的价值观，明确自己的人生目标及奋斗方向，在未来的人生道路上更加牢固地把握自己。

心海扬帆

学习目标

【知识与技能目标】理解人生长、宽、高、厚四个维度的含义，掌握澄清自我价值观的技能，学会如何实现自己的人生价值。

【过程与方法目标】体会人生四个维度的内涵，并学会如何来拓展自己人生的这四个维度。

【情感、态度与价值观目标】感受到人生的充实，体验到生命中的幸福，以积极乐观的态度来拓展人生，树立正确的价值观。

学习重点

感受到人生的充实，体验生命中的幸福，以积极乐观的态度来拓展人生，树立正确的价值观。

学习难点

体会人生四个维度的内涵，并学会如何来拓展自己人生的这四个维度。

---

① 钟志农:《心理辅导活动课操作实务》，宁波出版社 2007 年版。（教案作者为浙江省宁波市邵巧倍）

② 韩似萍:《青春期教育的人本视角》。

学习方式

视频启发、游戏体验、探讨分享、互动交流、朗诵感受。

心海起航

分好小组并选好组长，每人一张卡纸、一支黑色水笔。

心海泛舟

一、思维联想：人生的形状

思考：

1. 人生是什么形状的？

2. 人生可以包括哪几个维度？

二、自我探索：人生长·宽·高·厚

1. 长：人要过好每一阶段。

如何过好人生的每一阶段？

2. 宽：人际关系（外部力量）；自我社会化任务的完成；和谐，精神化。

(1)我们的一生将扮演哪些社会角色？

(2)如何与周围的人和谐融洽地相处？

(3)分享一段话。

在我广阔的人生中，
一切都是完美、完整和完全的。
我和每一个我认识的人生活在融洽与平衡之中。
在我心灵深处，埋藏着无尽的爱的甘泉，
现在我让这些爱汩汩涌出，
它充满我的心扉。我的身体、我的思想、我的生命，
它离开我的身体，向各个方向辐射，
然后又成倍地返回到我这儿。
我越来越多地释放爱心，
我释放出所有准备，
释放爱心让我感觉良好。
这是我内心愉快的表达。

选自露易丝·海：《生命的重建》，中国宇航出版社 2008 年版，第 94 页。

3.高：学会选择(内心的力量，信念)。

(1)人生八宝箱。

第一，制作八宝箱。

将手中的纸对折三次，得到一个含八个格子的箱子，如下。

第二，价值大盘点。

每个人的人生都是一连串选择的过程，每个人人生的道路上时时刻刻都充满着选择，正是这些选择，带每个人进入现在的生活中，也影响到以后的人生发展轨迹。每个人都曾经面临过许许多多的选择：制订计划和目标、安排时间、待人接物处事、择校、交友、选专业……每

个人今后还将面临更多重大选择：择业就业、学习深造、成家立业、结婚生子……在每一次选择过程中，你肯定会同时考虑到很多因素，所有这些因素中，哪些是你非常在意的，还有哪些是你认为不太重要的？

请你仔细盘点一下，你觉得人生最重要的是什么？

____

____

第三，价值大收藏。

请你仔细思考，选择最重要的八样事物，填入八宝箱中，注意：这些事物之间不能重复，每个格子只能容纳一样收藏品。

(2)人生漂流长河。

第一，拥有与丧失。

现在每个人都拥有了一个属于自己的“人生八宝箱”，里面收藏了八样你认为最有价值的事物，这些事物都很重要，可是有时候我们无法同时拥有，需要放弃一些。

下面同学们一起来漂流人生长河，在每一次选择时，找到该事物所在的位置，并将整个格子撕下来，同时按照选择放弃的顺序依次排序。

同学们沿着人生长河，带着人生八宝箱，一起乘坐自己的小船出发了。一路上风波不断。第一次，船超重了，需要同学们打开八宝箱，挑选其中的一样，然后扔进河里；第二次，电闪雷鸣，需要同学们取出另外一样以渡过难关；第三次，又遇到了一场风暴，船无法前进，无奈地再选择其中一样丢弃，以继续行路；第四次，前方出现了一片暗礁，需要同学们再次做出选择以换回顺利航行；第五次，漩涡接踵而来，不得不又做出选择。庆幸的是，在做出了这五次选择之后，终于暂时风平浪静了，我们可以缓下脚步，打开手里的箱子，看看里面还剩下什么。

第二，价值大澄清。

请同学们分小组就下列问题进行小组讨论。

①一开始收藏了哪八样？

____

____

②后来依次放弃了哪五样？为什么？

____

____

③假设需要在这三样中继续做抉择，你会如何做决定，为什么？

____

____

同学们在“人生漂流长河”中进行了选择，让我们为自己在选择中所表现出来的勇气和智慧来一次最热烈的掌声！

(3)启动梦想,成就人生。

观看视频(具体视频见网址:http://my.tv.sohu.com/us/450152/88656.shtml),分享视频对你的启发。

4.厚:接纳人生中各式各样的事件——幸福。

(1)对你而言,幸福是什么?

(2)如何去拥有幸福?

三、分享时刻:幸福是什么

1.这堂课带给你的收获和感受有哪些?

在这堂课中,同学们了解了人生有长、宽、高、厚四个维度及其内涵,探讨了如何来拓展人生的这四个维度,下面我们一起来分享一段话。

幸福到底是什么?母亲的关怀、丰收的喜悦、平静的温馨、神秘的巧克力、林间的小路、远离尘嚣的静土、自由的跳跃、温柔的抚摸、安详、不经意间的感动、重温听潮的时刻、开满的鲜花、一生的信仰、更多的时间、美妙的梦、丰富的想象、寄托在纸上的希望、自己的感觉、勇于攀登、独立的梦想、下一步的愿望、朋友的关怀……幸福无处不在。

——肖川

心语心愿

祝愿每位同学能够愉快地过好人生的每一个阶段,与周围的人和谐相处,实现自我的人生价值,体验生命中的幸福与美好!

心路历程

结束课 踏上新的征程
——社会适应辅导

心海导航

中职生毕业后，即将走出学校这座象牙塔，踏上工作岗位，走进社会，同时即将面临许许多多的事物，发生许许多多的转变。同学们如何来适应社会的工作与生活，是摆在中职生面前的重要话题。中职毕业踏上社会可以说是同学们人生的又一个转折点，能否很好地适应社会，对同学们的一生都非常重要。

中职生正处身心发展阶段，思想尚未完全成熟，然而由于种种原因，却不得不离开校园，走进社会，年轻的你们该如何适应社会呢？很多同学都觉得很茫然，存在这样那样的困惑。在社会生活中，你们将从事某一职业，会与他人交往，有时还需要你们团结协作，因此除了专业知识与技能，你们还必须具备与人沟通的能力、团结协作的能力及创新能力等。通过本堂心理辅导课的参与和体验，你们将了解社会生活中必须具备的知识、技能，理解人际交往、团结协作对适应社会生活的作用并掌握相应技能，体验社会生活中会遇到的一些问题，学会适应社会的方法，以愉悦的情感来迎接新的征程，以积极的态度来面对社会生活，树立正确的人生观、价值观与世界观。

心海扬帆

学习目标

【知识与技能目标】了解社会生活中必须具备的知识、技能，理解人际交往、团结协作对适应社会生活的作用并掌握相应技能。

【过程与方法目标】体验社会生活中会遇到的一些问题，学会适应社会的方法。

【情感、态度与价值观目标】以愉悦的情感来迎接新的征程，以积极的态度来面对社会生活，树立正确的人生观、价值观与世界观。

学习重点

体验走上社会生活的愉悦感。

学习难点

掌握适应社会技能的方法。

学习方式

游戏体验、案例分析、探讨分享、互动交流、音乐感受。

心海起航

分好小组并选好组长，每人一支黑色水笔。

心海泛舟

一、游戏导入：不倒森林

1. 请同学们按照以下规则来做一个游戏。

项目名称：不倒森林

1. 活动时间：约 30 分钟。2. 活动材料：计时器、PVC 管。3. 活动人数：两组共 30—35 人。4. 活动规则：a. 保持棒直立，不允许用手抓，也不允许身体其他部位接触棒；b. 宣布开始前，双脚开立，不允许移动，开始后大家按自己相同的口令，在保证自己直立棒不倒的前提下，迅速移动步伐，将右手掌心按到相邻的同伴的棒上，保持棒不倒；c. 每次有一根棒倒，就算失败，必须连续换位 10 次才算成功；d. 规则讲解完成后由裁判开始计时，到连续成功换位 10 次后为止。5. 活动目的：a. 加强队员间的互相信任，提高队员积极性；b. 要求团队成员间的步调一致，提高快速反应和协调的能力。（具体内容详见网页：http://wenku.baidu.com/link?url=naP9ob7fLUdvLaI2M5qTHFrhpgPq8gohkpv5oKmQ0J1mJgPL2O9VNd0JkRh-U8gNsftZuvMbJnELPpA9gbIitgtL9gqXxIzifOgEzZRmu7u)

2. 请分享你在游戏中的感受与体验？

____

____

____

____

3. 这个游戏带给你怎样的启发？

____

____

____

____

二、案例探讨：

小明是一名中等职业学校会计专业的毕业生，毕业后他到一家公司从事会计工作，上班第一天，他就迟到了，在业务知识上他也很不熟悉，加上他性格内向，也不懂得向同事请教，同事之间关系也十分平淡。

为此，他感到十分苦恼，很后悔在读书期间没有好好学习会计专业知识与技能，导致现在手忙脚乱，也很后悔以前上课老是迟到，所以才养成了迟到的坏习惯，面对复杂的业务、复杂的人际关系，他真的感到很烦恼……

1.仔细分析、思考这个案例反映了什么问题。

2.看了这个案例，你有什么启发？

三、班级论坛：如何更好地适应社会

1.请同学们分小组讨论，我们该如何适应社会？

2.各小组代表发言，记录如下。

四、分享时刻:《祝你一路顺风》

1. 这堂课带给你的收获和感受有哪些?

___

同学们一起来合唱歌曲《祝你一路顺风》。

那一天知道你要走　我们一句话也没有说
当午夜的钟声敲痛离别的心门　却打不开你深深的沉默
那一天送你送到最后　我们一句话也没有留
当拥挤的月台挤痛送别的人们　却挤不掉我深深的离愁
我知道你有千言你有万语　却不肯说出口
你知道我好担心我好难过　却不敢说出口
当你背上行囊　卸下那份荣耀
我只能让眼泪流在心底　面带着微微笑　用力地挥挥手　祝你一路顺风
当你踏上月台　从此一个人走　我只能深深地祝福你
深深地祝福你　最亲爱的朋友　祝你一路顺风
那一天　送你送到最后　我们一句话也没有留
当拥挤的月台挤痛送别的人们　却挤不掉我深深的离愁
我知道你有千言你有万语　却不肯说出口
你知道我好担心我好难过　却不敢说出口
当你背上行囊卸下那份荣耀　我只能让眼泪流在心底
面带着微微笑用力地挥挥手　祝你一路顺风
当你踏上月台从此一个人走
我只能深深地祝福你　深深地祝福你　最亲爱的朋友　祝你一路顺风

心语心愿

希望每位同学都能够扎实地学好专业知识与技能,学会友好地与人相处,学会团结协作,从而能够更好地适应社会!

心路历程